CONTOS COM NÍVEL

Ana Sousa Martins

**QECR
Nível B1**

EMPRESA PROMOTORA
DA LíNGUA PORTUGUESA

Lidel – edições técnicas, lda

EMPRESA PROMOTORA DA LÍNGUA PORTUGUESA

A **Lidel** adquiriu este estatuto através da assinatura de um protocolo com o **Camões – Instituto da Cooperação e da Língua**, que visa destacar um conjunto de entidades que contribuem para a promoção internacional da língua portuguesa.

EDIÇÃO E DISTRIBUIÇÃO
Lidel – Edições Técnicas, Lda.
Rua D. Estefânia, 183, r/c Dto. – 1049-057 Lisboa
Tel.: +351 213 511 448
lidel@lidel.pt
Projetos de edição: editoriais@lidel.pt
www.lidel.pt

LIVRARIA
Av. Praia da Vitória, 14 A – 1000-247
Lisboa Tel.: +351 213 511 448
livraria@lidel.pt

Copyright © 2019, Lidel – Edições Técnicas, Lda.
ISBN: 978-989-752-406-6
1.ª edição impressa: fevereiro 2019
Reimpressão de abril 2023

Conceção de layout: Pedro Santos
Paginação: Mónica Gonçalves
Impressão e acabamento: WOP - World of Printing, Lda. - Romariz - Santa Maria da Feira
Depósito legal n.º 452361/19

Capa: José Manuel Reis
Imagem da capa: © Saquizeta

Imagens: https://stock.adobe.com/pt/; https://www.istockphoto.com/pt

Todos os nossos livros passam por um rigoroso controlo de qualidade, no entanto aconselhamos a consulta periódica do nosso *site* (www.lidel.pt) para fazer o *download* de eventuais correções.

Não nos responsabilizamos por desatualizações das hiperligações presentes nesta obra, que foram verificadas à data de publicação da mesma.

Os nomes comerciais referenciados neste livro têm patente registada.

SEJA ORIGINAL! DIGA NÃO À CÓPIA RESPEITE OS DIREITOS DE AUTOR

Reservados todos os direitos. Esta publicação não pode ser reproduzida, nem transmitida, no todo ou em parte, por qualquer processo eletrónico, mecânico, fotocópia, digitalização, gravação, sistema de armazenamento e disponibilização de informação, sítio Web, blogue ou outros, sem prévia autorização escrita da Editora, exceto o permitido pelo CDADC, em termos de cópia privada pela AGECOP – Associação para a Gestão da Cópia Privada, através do pagamento das respetivas taxas.

Índice

Introdução 5
Os primos Barros 9
A cura do soba 26
Das palavras aos atos – e dos atos às palavras 45
Ironia vence preguiça 76
Domingo à tarde 92
Um *thriller* com final feliz 103
O revisor 123
Soluções 141
Índice remissivo de conteúdos gramaticais 147

Introdução

Para a maioria dos alunos de português língua estrangeira, ler um livro inteiro em português pode ser uma tarefa realmente assustadora – ou até impossível. O mais provável é o aluno encontrar, a todo o momento, palavras que não conhece e estruturas de frase e de texto muito complexas, atendendo ao seu estádio de aprendizagem. Mas se o aluno tiver oportunidade de ler um livro que foi construído propositadamente para minimizar dificuldades trazidas por um vocabulário pouco comum ou por frases com muitos sintagmas e orações, então essa tarefa passa a ser não só exequível como altamente compensadora.

São vários os estudos de investigação que mostram que os aprendentes que leem consecutivamente e por períodos longos desenvolvem mais rapidamente competências em todas as áreas da aprendizagem da língua – gramática, escrita, oralidade e vocabulário –, em comparação com alunos que não praticam a leitura extensiva. Além disso, o aluno torna-se muito mais autoconfiante, pois tem a sensação de ter conseguido cumprir um objetivo, ganhando também mais autonomia relativamente ao seu processo de aprendizagem.

É fácil perceber porque é que isso acontece: ler livros, e não só pequenos excertos, aumenta o contacto do aluno com a língua, expondo-o a uma grande quantidade de *input* linguístico. Por consequência, a oportunidade de interiorizar padrões linguísticos cresce exponencialmente. Depois, quanto mais se lê, mais se aprende – para se poder ler ainda mais. Porém, este crescendo só tem lugar se o aluno se sentir confortável durante a atividade de leitura, ou seja, se a leitura for para ele um processo agradável, e não uma luta constante.

Os livros escritos para serem lidos por aprendentes de português língua estrangeira têm características próprias, que resultam num estilo simples e direto. Assim:

- Evitam-se frases desnecessariamente longas;
- Opta-se, sempre que possível, por palavras mais conhecidas;
- Sempre que necessário, explicita-se a ligação entre frases e parágrafos;
- A ordem das palavras na frase é a ordem normal, mas sem dispensar totalmente estruturas enfáticas;
- A recuperação de informação já dada no texto faz-se com o devido peso e medida;
- As ações seguem a ordem temporal-causal.

Se repararmos, todas as publicações têm um público-alvo. Por exemplo, os livros infantojuvenis destinam-se a crianças e jovens e os livros de divulgação científica são para ser lidos por não especialistas ou leitores com baixa literacia científica. Ninguém dirá que estes livros estão escritos numa linguagem artificial, que não têm um propósito comunicativo genuíno ou que não apresentam informação cultural autêntica. Ora, o público-alvo deste livro, assim como de todos os desta coleção, é constituído por aprendentes do português. A regulação e escrutínio quanto ao estilo aqui usado – simples no vocabulário e claro na sintaxe – em nada diminui a autenticidade dos textos. Não há nenhuma correlação entre simplicidade e artificialidade.

O grau de simplicidade/dificuldade destes livros, aliás, não é constante. Ele varia ao longo da coleção, mantendo-se sempre o mesmo grau de naturalidade e fluência expressiva, tal como acontece em qualquer outro texto escrito em língua portuguesa. Para os níveis iniciais, oferecem-se histórias mais curtas, com um enredo mais linear e com recurso a vocabulário frequente. Para os níveis intermédio e avançado, as histórias tornam-se progressivamente mais longas e conceptualmente mais desafiadoras, com um número progressivamente maior de palavras de uso mais raro ou erudito.

Além dos contos originais, este livro contém algumas ferramentas de ajuda ao leitor:

- Glosas de vocabulário, ou seja, imagens e explicações do significado das palavras em contexto, colocadas nas margens das páginas; pode haver também observações de caráter histórico e cultural (nota: é importante que os contos sejam lidos pela ordem por que são apresentados, pois a glosa só é apresentada na primeira ocorrência da palavra);
- Exercícios de compreensão da leitura, que incitam ao uso consciente de estratégias cognitivas implicadas no esforço de compreensão do texto;
- Exercícios de gramática aplicada, sem necessidade de recurso a nomenclatura ou terminologia gramatical;
- Exercícios que visam auxiliar a memorização de vocabulário novo, usado nas histórias lidas, combinando-se, assim, a atividade de leitura com o ensino direto de vocabulário.

Nesta medida, estes livros são ao mesmo tempo um material complementar de ensino. As histórias aqui contadas, uma vez partilhadas por toda a turma, podem ser um ótimo ponto de partida para atividades de discussão oral e de escrita. Ao mesmo tempo, é a maneira natural de projetar a aprendizagem da língua para além da sala de aula.

E que histórias são estas? São histórias divertidas, muitas vezes com um final surpreendente, seguindo um enredo bem delineado, com situações e ambientes muito diversos como «pano de fundo». Os diálogos, abundantes, permitem a introdução de diferentes expressões correntes, estruturas coloquiais e oralizantes. Ao longo destas histórias, o leitor vai conviver com personagens muito diferentes. Umas excêntricas, outras sisudas, umas hesitantes, outras corajosas. Todas elas procuram o mesmo: perceber o que nos poderá tornar pessoas melhores.

Ana Sousa Martins

Os primos Barros

Era talvez meio dia quando bateram à porta da casa do Joaquim. Batiam à porta da sala, mas ali toda a gente entrava pela porta da cozinha. Por isso, a mulher do Joaquim, Gracinda de Jesus, que àquela hora estava a fazer o almoço, gritou:

– Vão à volta! – e praguejou[1] um pouco. «Esta gente ainda não sabe por que porta deve entrar?», pensou.

O Joaquim e a mulher moravam no cimo da aldeia de Carvalhal e tinham quatro filhos rapazes. O casal não era rico em dinheiro, mas tinha terras, um grande rebanho de ovelhas, galinhas e porcos. Os pais de Joaquim tinham sido caseiros[2] de um antigo casal de lavradores, sem filhos. O casal afeiçoou-se a Joaquim e este acabou mais tarde por herdar a quinta. A casa era de granito[3], escura e fria, mas relativamente espaçosa: uma cozinha, uma sala pequena e três quartos no rés do chão; no primeiro andar, para onde se subia por uma escada de pedra exterior, havia mais uma sala, dois quartos e um espaço para arrumos[4]. Joaquim era dono também de uma carrinha de caixa aberta[5], de uma adega e de um telefone.

A casa do Joaquim tinha sempre gente. Vinha o carteiro, bebia um copo e fazia um bocado de conversa. Vinha a tia Quinhas para matar e esfolar[6]

---

[1] **Praguejar:** lançar pragas; dizer palavrões; usar linguagem indelicada.

[2] **Caseiro:** pessoa que dirige os trabalhos agrícolas numa quinta e a quem o dono da quinta paga um ordenado.

[3] **Granito:**

[4] **Espaço para arrumos:** parte da casa, ou anexo à casa, onde se guardam diversos objetos.

[5] **Carrinha de caixa aberta:**

[6] **Esfolar:** tirar a pele.

9

um borrego e ficava para almoçar. Vinham este e aquele para comprar ovos. Outros pediam para telefonar. No dia da arranca[7] das batatas, eram 10 ou 12 trabalhadores à mesa para almoçar. Podia também aparecer a Conceição costureira para tirar as medidas para fazer uma saia para a Gracinda ou uns calções para os rapazes. Também cortava o cabelo. Depois da matança[8] do porco, as vizinhas ajudavam a encher[9] as chouriças[10], as morcelas[11] e as farinheiras[12] para o ano inteiro. A meio da noite, acontecia vir alguém aflito pedir para Joaquim levar um familiar ao médico ou uma grávida à maternidade. Em agosto, eram as visitas dos imigrantes da Suíça. Traziam grandes tabletes de chocolate suíço que os rapazes devoravam num par de dias, apesar dos ralhos[13] da mãe. Chegavam a ficar de diarreia[14]...

Enfim, naquela casa não se negava nada a ninguém. Não por especial altruísmo[15], mas porque Joaquim e a mulher sabiam que mais tarde ou mais cedo iam precisar de algum favor dos vizinhos. Compor um muro que se esboroou[16] com a chuva, ou lavrar uma terra ou qualquer outra tarefa. Os vizinhos faziam o mesmo. Era uma espécie de troca direta de serviços.

[7] **Arranca:** ação de arrancar, puxar, tirar com força.

[8] **Matança:** ação de matar.

[9] **Encher:** colocar carne, gordura ou sangue dentro de uma tripa para fazer enchidos (chouriça, morcela, farinheira).
Tripa: intestino do animal.

[10] **Chouriças:**

[11] **Morcela:** chouriça de sangue de porco.

[12] **Farinheira:**

[13] **Ralho:** ação de ralhar, criticar severamente uma pessoa (em geral, uma criança) por alguma coisa que ela fez de mal.

[14] **Diarreia:** quando as fezes ficam líquidas e é preciso ir muitas vezes à casa de banho.

[15] **Altruísmo:** maneira de pensar e de agir que mostra que a pessoa se interessa mais pelos outros do que por si própria.

[16] **Esboroar-se:** desfazer-se em pequenos elementos.

«Ajudo-te para me ajudares». Era este o lema[17].

Por isso, Gracinda estranhou quando ouviu bater à porta da sala... A porta da cozinha era a que dava para a rua principal e abria-se por fora. Quando os vizinhos perguntavam em voz alta «Pode-se entrar?», na verdade, já lá estavam dentro. Gracinda foi, pois, abrir a porta, com alguma impaciência. O que viu à sua frente era uma coisa original.

– Bom dia, querida prima, como está?

O cumprimento saiu da boca de um homem baixote, careca, barrigudo, dos seus 50 e poucos anos. A cara era bolachuda[18], o nariz era batatudo[19]. Sorria de uma forma estranha. Era difícil perceber se era um sorriso intencional ou se era assim mesmo o desenho da sua boca. A seu lado estava uma mulher do mesmo formato, talvez mais velha do que ele.

Gracinda não pensou nada naquele instante e só disse:

– Bom dia...

– Só chegámos agora... Eu bem disse aqui à minha esposa que saindo de Lisboa às 7h da manhã não dava para chegarmos cá a horas – desculpou-se o homem. A mulher protestou:

– Ó Barros, francamente! – e os *rr* faziam-lhe rolar a dentadura[20] na boca.

Gracinda, sem perceber nada daquela conversa, mas a ouvir na cozinha o refogado[21] a queimar-se no tacho, só disse:

– Entrem cá – deixou a porta aberta e foi a correr para o fogão. Deu duas mexedelas ao refogado, juntou-lhe água, desligou a panela da sopa, virou as febras[22]

---

[17] **Lema:** pequena frase que exprime um princípio ou objetivo.

[18] **Bolachuda:** redonda como uma bolacha.
Bolacha:

[19] **Batatudo:** na forma de uma batata.

[20] **Dentadura:**

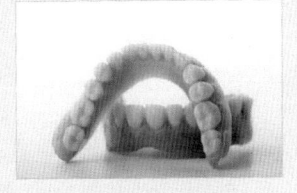

[21] **Refogado:** cebola frita em azeite que serve de base para vários pratos.

[22] **Febra:** bife de porco.

na sertã²³ – tudo isto enquanto o diabo esfrega um olho²⁴. Depois voltou a dirigir-se ao casal:
– Então, chegaram agora de Lisboa? Sim, senhor!
– Não me digam que não estavam a fazer conta de²⁵ nós?! Ai que grande chatice! Então mandámos um postal a semana passada a avisar que os vínhamos visitar!... Não receberam?! – perguntou o Barros. Parecia embaraçado²⁶.
– Não recebemos nada... – respondeu Gracinda.
– Parece impossível! Como andam os CTT²⁷! Atrasar a correspondência uma semana ou mais! Não se admite e ainda por cima fazem greves! Imagine se fosse um documento oficial... Como é que era? Quem é que se responsabilizava pela entrega a tempo e horas? Ninguém! É o costume.

Gracinda estava pasmada²⁸ com aquele relambório²⁹. Tão pasmada que até começou a ter um pouco de medo. Ainda por cima o marido não estava em casa.

– O meu Joaquim foi ao mecânico com a carrinha, que volta e meia³⁰ não pega³¹. Ele deve estar mesmo a chegar...

– Ah, não se incomode connosco, prima. Nós vamos dar um passeio e voltamos mais tarde, então. Gostávamos muito de ver o meu primo Joaquim. Há anos que não o vejo. Foi há tanto tempo que saí daqui da aldeia... – disse o Barros, sempre com aquele sorriso ambíguo³².

– O Joaquim nunca me falou de primos em Lisboa... – disse Gracinda, quase a desculpar-se.

---

²³ **Sertã:** frigideira.

²⁴ **Enquanto o diabo esfrega um olho:** muito rapidamente.

²⁵ **Estar a fazer conta de:** saber que uma coisa vai acontecer ou que uma ou várias pessoas vão chegar.

²⁶ **Embaraçado:** envergonhado, atrapalhado.

²⁷ **CTT:** serviço de correios em Portugal. A sigla CTT significa «Correios, Telégrafos e Telefones».

²⁸ **Pasmado:** espantado, surpreendido.

²⁹ **Relambório:** discurso inútil e cansativo.

³⁰ **Volta e meia:** frequentemente.

³¹ **Pegar (o motor):** começar a trabalhar.

³² **Ambíguo:** vago; indefinido; que não se sabe o que quer dizer; que tem mais do que um sentido.

– Ah, mas tem. Sou o Augusto Barros, ele sabe muito bem. Sou o filho mais novo do segundo casamento de uma irmã da cunhada do pai dele. É pena que hoje em dia as famílias se afastem tão facilmente umas das outras, não acha? Passamos tanto tempo sem nos vermos que depois até nos esquecemos de que temos parentes[33] aqui ou ali... Eu já era para vir há mais tempo, mas sabe como é, prima, Lisboa não fica aqui ao lado e as viagens ficam caras... E com o hotel, então... Aliás, sabe dizer-me onde há por aqui um hotel barato?

– Um hotel? Aqui na aldeia não há hotéis... – informou Gracinda, hesitante sobre o que devia dizer a seguir. Por sorte, viu atrás do casal lisboeta um dos filhos a passar com um carrinho de mão[34] e gritou-lhe:

– Ó Carlos! Chama os teus irmãos e venham comer!

O Barros deu dois passos ligeiros para trás e disse:

[33] **Parente:** designa-se por «parente» a pessoa que é da mesma família, mas que não é pai, nem mãe, nem filho//filha, nem avô/avó.

[34] **Carrinho de mão:**

[35] **Ênfase:** importância, atenção ou valor que se dá a uma coisa.

[36] **Ovos mexidos:**

[37] **Chouriça em álcool:**

– Ah! Vejo que está na hora do vosso almoço. Não se incomodem connosco, estejam à vontade. Nós aproveitamos para dar uma voltinha e logo ao fim da tarde vimos cumprimentar o primo Joaquim.

Gracinda, que nunca deixou de dar de comer ou beber a ninguém que pusesse os pés em sua casa, sugeriu, mas sem grande ênfase[35]:

– Eu arranjo-lhes alguma coisa para comerem antes de irem. Nem que seja uns ovos mexidos[36] com uma chouriça em álcool[37]...

O Barros levantou logo as palmas das mãos a recusar educadamente a oferta:

— Não, não, por amor de Deus, não queremos incomodar. A prima tem os seus afazeres[38] e ainda por cima não fazia conta de nós. Era muito abuso da nossa parte. Não, não.

Os Barros regressaram ao carro e despareceram na curva da estrada.

> [38] **Afazeres:** o que se tem para fazer; tarefas.
> [39] **Algazarra:** gritaria e confusão.
> [40] **Pelo sim, pelo não:** expressão que se usa quando temos dúvida sobre uma situação e decidimos fazer aquilo que nos parece mais seguro.
> [41] **Rabo de bacalhau:** extremidade de trás do peixe, geralmente mais baixa e mais seca.
> [42] **Embraiagem:** peça que liga o motor à caixa das velocidades, permitindo meter as mudanças.
> [43] **Carripana:** carro velho.

Gracinda mal teve tempo para pensar na estranheza daquela visita. Tinha um porco doente e precisava o quanto antes de o pôr num compartimento à parte. Os rapazes, na algazarra[39] do costume, almoçaram e saíram para jogar à bola na estrada.

Passou-se a tarde. Aproximou-se a hora do jantar. Gracinda, pelo sim, pelo não[40], pôs mais umas batatas e dois rabos de bacalhau[41] na panela. O mais provável era ter os ditos primos para jantar.

Joaquim, entretanto, chegou a casa um bocado chateado. O conserto da carrinha tinha sido muito caro. E ainda há tão pouco tempo tinha levado uma embraiagem[42] nova… A carripana[43] começava a dar muita despesa em consertos, mas Joaquim não tinha dinheiro para comprar outra nova.

— Deixa lá, homem, alguma coisa se há de arranjar! — disse Gracinda e a seguir lembrou-se:

— Outra coisa, estiveram aqui os teus primos de Lisboa e dizem que te vêm visitar agora. Não tarda estão aí.

— Que primos de Lisboa? — inquiriu Joaquim, espantado.

— Os teus primos. Barros… Sim, Barros.

— Essa agora! Não tenho ideia de primos nenhuns…

— Olha, meus é que não são. Parece que são teus primos da parte do teu pai…

— O meu pai era de uma família muito grande, mas nunca ouvi falar do apelido Barros.

— Ele disse que era filho de um segundo casamento. Vais ver que o apelido vem da parte do marido novo… Seja como for, eles vão aparecer aí não tarda.

— E o porco?

— Está na mesma. Não come e só se deita.

— Onde é que o puseste?

— Na loja das batatas.

— Vai comer as batatas todas!

— Não vai. O animal está doente, não quer comer.

Nisto, batem à porta da cozinha.

— São eles! — disse baixinho Gracinda.

— Entre! — gritou Joaquim.

O casal entrou. Sorridente e confiante. Augusto Barros exclamou:

— Ahh! Primo Joaquim! Há tantos anos!

Joaquim ainda não tinha acabado bem de se levantar e já estava a ser apertado num abraço caloroso.

— Deixa-me olhar bem para ti, homem! Estás igual!

— Eh… engordei e estou careca… — disse Joaquim, só para dizer qualquer coisa.

— Estás igual, digo-te eu! Em qualquer canto de Lisboa que te encontrasse via logo que eras tu. Parece que te estou a ver a jogar à bola no adro da igreja[44]! — o sorriso de Augusto Barros, enquanto falava, estava agora ainda mais estranho.

— Eh…, na verdade, quase nunca nos atrevíamos a ir para o adro, porque a bola saltava para a horta[45] do senhor padre e quando a íamos buscar ele danava-se[46] todo porque lhe calcávamos[47] as hortaliças[48]. Jogávamos mais no terreiro em frente ao café do Toninho Campos.

— Pois era! Do Toninho Campos! Passei por ele quando vinha para cá. Disse-lhe adeus, mas ele não me conheceu.

— Mas o Toninho emigrou para a América há mais de 10 anos.

---

[44] **Adro da igreja:** terreno à volta da igreja, em geral, com muro à volta.

[45] **Horta:**

[46] **Danar-se:** ficar muito zangado.

[47] **Calcar:** pôr os pés em cima; pisar com os pés.

[48] **Hortaliças:** vegetais.

— Ah sim? Pois devia ser alguém muito parecido com ele. Eh! Eh! Mas que bom estás, homem! Parece que te estou a ver com a mala da escola às costas!

— É. Mas o tempo passa. Olha a D. Cândida, coitada, morreu a semana passada. — revelou Joaquim.

> [49] **Palmatória:** peça de madeira redonda com um cabo que servia para bater nas palmas das mãos das crianças da escola para as castigar.
>
> [50] **Tabuada:** lista das operações de multiplicar de 1 até 10.
>
> [51] **Salteado:** não seguido.
>
> [52] **Comodidades:** conforto; facilidades que tornam a vida mais agradável.

— Ah, que pena! Era tão boa professora! — exclamou Augusto Barros com um arrastamento enfático das últimas sílabas da palavra «professora».

— A D. Cândida era a funcionária. Trazia-nos caramelos espanhóis no Natal e escondia a palmatória[49] quando sabia que era dia de dizer a tabuada[50] salteada[51]. A professora era a D. Amélia.

— Ah, pois era, pois era! — disse Augusto, dando uma risada engasgada. — Baralho-me sempre nos nomes...

Por momentos, ninguém disse mais nada. Só sorrisos. Gracinda foi pôr a mesa.

Augusto retomou a conversa:

— Pois é, pois é, primo Joaquim! Há que tempos que éramos para vos vir visitar, mas aqui a minha mulher nunca quer sair de Lisboa. Gosta é de estar à conversa todo o dia com as vizinhas.

— Ó Barros, francamente! Eu sempre gostei de passear no campo!... — queixou-se a mulher.

— E foi um lindo passeio que demos hoje enquanto procurávamos um hotel baratinho. Mas disseram-nos que o hotel mais próximo é só em Gouveia. Eu quis logo reservar um quarto, mas aqui a minha mulher...

— Ora essa! Ficam aqui em nossa casa! — rematou logo Joaquim. — O Carlos e o Chico vêm dormir cá para baixo com os irmãos e vocês ficam à vontade no andar de cima. Não é, Gracinda?

— É, é. Não vale a pena irem gastar tanto dinheiro por uma cama num hotel quando nós temos aqui tanto espaço. Pode não ser tão confortável, nem com tantas comodidades[52] já se vê, porque somos gente simples... — justificou-se Gracinda.

– Ah, mas nós não queremos incomodar. Vocês têm a vossa vida, o vosso trabalho e nós não temos o direito... – Augusto, enquanto assim falava, abria e fechava as mãos como um padre na missa.

– Não incomodam nada. É só fazer as camas de lavado[53]. – assegurou Gracinda.

Entretanto, o jantar ficou pronto. Gracinda foi à porta chamar os filhos. Pouco depois, estavam todos à mesa a comer. Augusto tentava manter conversa, mas a família comia em silêncio. Os rapazes engoliram tudo em dois minutos e saíram da mesa. Gracinda pensava no problema do porco doente e preocupava-se sobretudo com a possibilidade de a doença já se ter pegado aos outros porcos. Joaquim matutava[54] na carrinha, pois se calhar o melhor era trocá-la já por uma nova e pedir dinheiro emprestado ao compadre Alfredo. Mas custava-lhe pedir dinheiro, fosse a quem fosse. Podia sempre trocá-la por outra carrinha usada, com menos quilómetros, mas seria sempre um negócio arriscado.

– Este cozido com este azeitinho estava uma delícia! – disse Augusto quando chegou ao fim. – Eu sempre digo à minha mulher para cozinhar coisas assim saudáveis, mas ela só gosta de usar margarina e óleo de fritar...

– Francamente, Barros, onde é que em Lisboa encontras azeite deste? – queixou-se a mulher.

– Quem procura sempre alcança. Sempre ouvi dizer.

Como é costume fazer-se nas aldeias, só não se dá o que se não tem e Gracinda adiantou logo a oferta de um garrafão de azeite:

– Levam-no bem arrolhado[55] e metido num saco grande de plástico e vão ver que não verte nada.

– Ah, muito obrigado, prima. Não queremos incomodar.

Os Barros ocuparam o primeiro andar naquela noite – e nas seis noites seguintes. Saíam de manhã, depois de tomarem um bom café com queijo da serra ou requeijão com pão de trigo, e só regressavam para jantar, muito alegres e bem-dispostos.

---

[53] **Fazer as camas de lavado:** pôr lençóis lavados na cama.

[54] **Matutar:** pensar demoradamente em alguma coisa.

[55] **Arrolhado:** fechado com rolha.
Rolhas:

No primeiro dia foram almoçar ao Buçaco, no dia seguinte foram ao Museu dos Coches no Caramulo, no terceiro dia foram à aldeia típica de Sortelha e os restantes dias foram repartidos por outras tantas atrações turísticas da região. Os Barros chegavam a casa dos primos a palrar[56] sobre todos os pormenores do que tinham visto, comido e bebido. Um burro que se lhes atravessou no meio da estrada, as moscas que pousavam nas empadas[57] e bolos num café onde entraram com a intenção de lanchar, um pastor que se zangou por lhe terem tirado uma fotografia, etc., etc. Joaquim e Gracinda ouviam com pouca atenção, mas sorriam e tentavam dizer qualquer coisa em resposta.

Joaquim e Gracinda nunca saíam para passear, só por passear. Se saíam era para algum batizado, casamento ou romaria[58]. Tudo por ali perto. Gracinda só tinha ido uma vez a Lisboa quando era pequena e não se lembrava de quase nada. Joaquim conhecia Elvas, porque fez lá a tropa. Apesar de não terem muito dinheiro, sempre podiam gastar algum num ou noutro passeio de ir e vir no mesmo dia, mas quem tem animais não se pode dar ao luxo[59] de passar um dia inteiro fora. Pedir a um vizinho para tratar da criação não podia ser, porque ficavam logo mal vistos por estarem a pedir favores não por uma coisa estritamente necessária, mas só para poderem sair dali, ainda que fosse apenas por um dia. De maneira que fazer turismo era uma atividade para eles inacessível. Na sua cabeça, ir passear era definitivamente algo que outros podiam fazer, não eles. De qualquer maneira, os Barros também nunca os convidaram para o passeio. Nem sequer os rapazes.

Depois do jantar, Augusto e a mulher recolhiam-se ao andar de cima, todos satisfeitos da vida[60]. Depois de se ouvir cá em baixo dois ou três «Ó Barros, francamente!», rapidamente se fazia silêncio – até ao reaparecimento dos dois na manhã seguinte, para o pequeno-almoço.

---

[56] **Palrar:** falar muito; tagarelar.

[57] **Empadas:**

[58] **Romaria:** festa popular ao ar livre.

[59] **Dar-se ao luxo:** se uma pessoa se pode dar ao luxo de fazer alguma coisa quer dizer que pode fazer essa coisa sem ter de se preocupar com prejuízos (financeiros ou outros).

[60] **Todo satisfeito da vida:** muito satisfeito.

Para dizer a verdade, logo após o primeiro ou segundo dia, Joaquim e Gracinda até se esqueceram deles. O porco tinha morrido e agora era rezar[61] para que o resto da pocilga[62] não aparecesse doente também. Joaquim acabou por se deixar ficar com a carrinha, pelo menos para os próximos tempos. Tinha de fazer o transporte de uns postes[63] para montar uma pérgula[64] na casa do Manel Lua, que o ajudava sempre na vindima[65].

Os Barros acabaram por partir de regresso a Lisboa, entre muitos agradecimentos, beijinhos e promessas de um dia voltarem.

Só passado uns dias é que Joaquim, deitado na cama, com dificuldade em adormecer por causa do calor, se pôs a inventariar[66] os tios e primos paternos e na sua mente não encontrou ninguém que vivesse em Lisboa.

– Ó Gracinda…

– Hum…

– De quem é que este Augusto Barros disse que era filho, afinal?

– Acho que disse que era de um segundo casamento.

– Mas segundo casamento de quem?

– Já não me lembro bem… fiquei tão espantada com aqueles dois à porta… hum. Ele parece que disse que era filho de uma cunhada do teu pai. De uma tia tua, pois.

– Como assim? Cunhada do meu pai? A minha mãe era filha única! Então não sabes que a minha mãe era filha única? – perguntou Joaquim um pouco exaltado[67].

---

[61] **Rezar:** (neste contexto) desejar muito; ter esperança.
[62] **Pocilga:** recinto, espaço onde estão os porcos; (neste contexto) conjunto dos porcos que estão nesse espaço.
[63] **Poste:** pau de madeira cilíndrico.
[64] **Pérgula:**
[65] **Vindima:** colheita das uvas para o lagar.
[66] **Inventariar:** fazer uma lista, contando os vários elementos dessa lista.
[67] **Exaltado:** excitado, irritado, zangado.

Gracinda demorou a responder, um pouco embaraçada por se ter esquecido. Ia a abrir a boca quando Joaquim, mais calmo, disse:
— Nós tínhamos-lhes dado dormida, mesmo sabendo que não eram nossos primos, não era, Gracinda?
— Pois era.

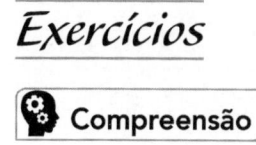

Exercícios

Compreensão

1. Escolha a opção correta, de acordo com o sentido do texto.

    1. Na aldeia do Carvalhal, Joaquim e Gracinda
        a) eram considerados ricos.
        b) eram pessoas com estatuto social especial.
        c) eram pessoas muito populares.
        d) eram consideradas pessoas muito trabalhadoras.

    2. Gracinda ficou irritada quando bateram à porta, porque
        a) não esperava ninguém àquela hora.
        b) estavam a querer entrar pela porta errada.
        c) havia sempre gente a bater à porta a toda a hora.
        d) estava muito atarefada e não lhe apetecia atender ninguém.

    3. Enquanto Augusto Barros falava, Gracinda teve algum receio a princípio, pois
        a) custava-lhe perceber a pronúncia de Lisboa.
        b) tinha algum preconceito em relação aos lisboetas.
        c) só estava habituada a lidar com pessoas conhecidas.
        d) estava sozinha, sem perceber o que estava a acontecer.

4. Gracinda não estranhou a explicação de Augusto Barros sobre a relação familiar deste com Joaquim, porque

   a) não teve tempo de refletir sobre a família do marido, por estar tão espantada e atarefada.

   b) a família materna de Joaquim era muito grande e Gracinda não tinha muito contacto com ela.

   c) para ela era indiferente saber se o casal Barros era família ou não, pois já sabia que os tinha de alojar em sua casa.

   d) era uma pessoa de aldeia que, em geral, acreditava em tudo o que lhe diziam.

5. A doença do porco e a avaria da carrinha

   a) mostram que Joaquim e Gracinda davam muito valor a problemas sem importância.

   b) mostram porque é que Joaquim e Gracinda nunca podiam ir de férias.

   c) são problemas que eles nunca iriam conseguir resolver.

   d) são exemplos do tipo de problemas com que Joaquim e Gracinda tinham de lidar no dia a dia.

6. Augusto Barros, na sua primeira conversa com Joaquim, tenta adivinhar, sem acertar,

   a) o local onde jogavam à bola e o nome da professora primária.

   b) o nome do dono do café e o país para onde este emigrou.

   c) o aspeto de Joaquim quando era criança e o gosto que tinha em jogar futebol.

   d) a localização da horta do padre e a do café.

7. No primeiro jantar do casal Barros em casa de Joaquim, todos, exceto Augusto, comeram em silêncio, pois

   a) ficaram nervosos por Augusto estar sempre a implicar com a mulher.

   b) Joaquim e Gracinda estavam com o pensamento nos seus problemas.

   c) ninguém se sentia à vontade ou de espírito aberto.

   d) tinham medo de que a comida não chegasse para todos.

8. Joaquim vai fazer o transporte de postes para a pérgula de Manel Lua. Esta ação ilustra

    a) a generosidade de Joaquim para com todas as pessoas.
    b) as razões por que Joaquim e Gracinda nunca podiam ir passear.
    c) as relações sociais e de trabalho entre as pessoas das aldeias.
    d) a amizade e a fraternidade que caracterizam as aldeias portuguesas.

9. Certa noite, Joaquim pôs-se a pensar na constituição da família paterna

    a) por ter saudades.
    b) por acaso.
    c) por cansaço.
    d) por ser desconfiado.

10. No final, Gracinda e Joaquim chegaram à conclusão de que

    a) as pessoas são todas umas oportunistas.
    b) voltariam a fazer o mesmo.
    c) tinham aprendido uma boa lição.
    d) as pessoas das aldeias são especiais.

Vocabulário

2. Para cada frase, assinale a opção correta.

   a) Quando o carro voltou a avariar-se no meio da estrada, João, furioso, pôs-se a pratear/praguejar/pregar.
   b) A criança andava muito triste e se a professora lhe dava qualquer ralho/falho/baralho punha-se logo a chorar.
   c) A casa ficava à beira-mar e a madeira das janelas e portas estava a esburacar-se/esboroar-se/estruturar-se.
   d) «Um por todos e todos por um» é um bom tema/sema/lema, mas o que acontece é que é mais fácil falar do que agir.
   e) O Presidente, em todas as reuniões, começava sempre com todo aquele reservatório/relambório/repositório sobre a importância de

cumprir as regras e ser responsável, quando ele era sempre o primeiro a falhar!

f) Na fábula *A Raposa e o Corvo*, a Raposa convence o Corvo a cantar e, assim, deixar cair o queijo que tinha na boca. Quando a Raposa fugiu com o queijo, o Corvo ficou plasmado/pactuado/pasmado, sem saber como é que aquilo tinha acontecido.

g) Naquela manhã, uma colega da Joana disse-lhe que ela devia ter mais cuidado com o que dizia durante as reuniões, mas depois não disse mais nada. A Joana, ao fim do dia, regressou a casa preocupada, a matutar/maturar/malograr naquilo.

3. Ponha as palavras por ordem e complete as frases.

a) A turma era muito barulhenta e a professora não conseguia dar aula com toda aquela _____ (g a a z a r l a r).

b) O Sr. Coutinho era funcionário da Câmara e levava o seu trabalho muito a sério. Todos os dias, entregava-se aos seus _____ (f a s e e r a z) administrativos como se isso fosse a coisa mais importante do mundo.

c) O comboio que parte de Lisboa com destino a Madrid é caro, mas está equipado com todas as _____ (o a m o d d s e c i d): *wireless*, cadeiras espaçosas e reclináveis, ar condicionado, televisão e serviço de bar.

d) O candidato estava a _____ (a v i i r n n t r e a) as ações que o seu partido tinha feito para aumentar a riqueza do país, mas foi logo interrompido pelo jornalista que o estava a entrevistar.

e) Quando o pai do João recebeu o telefonema da escola a dizer que o filho tinha faltado às aulas, começou a passear na sala, de um lado para o outro, _____ (l t o d a e x a), sem conseguir manter a calma.

4. Complete as expressões com a(s) palavra(s) que falta(m).

a) O João deixou de fumar, mas *volta e* _____ ainda pega num cigarro.

b) Fui ao teatro neste fim de semana. Gostei muito. Os atores eram ótimos, a história tinha muita ação e conseguiam mudar os cenários *enquanto o diabo* _____ *um olho*. Faziam aquilo com uma rapidez impressionante!

c) A Maria não *fazia* _____ de ter tantas crianças na festa de aniversário do filho e teve de sair a correr para ir comprar mais bolos e sumos.

d) Não sei a que horas vou almoçar, por isso, *pelo sim, pelo* _____, o melhor é meter alguma coisa de comer na mochila.

e) Os meus colegas que moram no centro da cidade podem _____ *ao luxo* de dormir até tarde, mas eu tenho de acordar todos os dias às 5h30 da manhã.

Gramática

5. Preencha as frases com os verbos SER, ESTAR ou FICAR, conjugados no tempo e pessoas corretos.

a) Quando Gracinda ouviu bater à porta, _____ chateada.

b) Com a herança que recebeu, Joaquim não _____ rico, mas passou a ter pelo menos o essencial.

c) Ao abrir a porta e ao deparar-se com o casal Barros, Gracinda _____ surpreendida.

d) Joaquim e Gracinda _____ preocupados: o porco _____ doente e a carrinha avariada.

e) É incrível como Augusto Barros _____ tão descontraído enquanto dizia aquelas mentiras todas.

f) A mulher de Augusto Barros _____ vítima dos constantes ataques do marido.

g) Os Barros _____ egoístas, pois nunca convidaram ninguém para ir passear com eles.

h) Augusto e a mulher _____ sempre satisfeitos. Pudera! Com férias de graça…

i) Quando perceberam que tinham sido enganados, Joaquim e Gracinda não _____ zangados.

6. Reescreva cada uma das frases introduzindo o advérbio SEMPRE na posição correta.

a) Gracinda e Joaquim abrem a porta a toda a gente.
_____

b) Augusto está a implicar com a mulher.

_____

c) Na casa de Gracinda e Joaquim há gente.

_____

d) Os Barros podiam convidar Joaquim e Gracinda para os irem visitar a Lisboa, mas nem isso fizeram.

_____

e) A história não conta, mas o porco doente pegou a doença ao resto da pocilga.

_____

A cura do soba

Estava um calor abafado[1] na carruagem. O suor[2] escorria[3]-lhe devagarinho pelas têmporas[4], mas Almiro nem dava conta[5]. Com os olhos fechados, deixava-se sacudir[6] pela trepidação[7] do comboio. Fazia um esforço para adormecer ou para não pensar em nada. O cansaço era muito, mas não lhe fazia parar a cabeça. As ideias giram-lhe no cérebro como num carrocel[8]. Porquê aquele desassossego[9] agora? A guerra já tinha acabado para ele. Estava de regresso a casa, são e salvo[10].

Almiro abriu os olhos, olhou pela janela sem ver nada e sorriu ligeiramente. Era um sorriso irónico. As perguntas que fez quando chegou a Angola eram afinal as mesmas de agora, no regresso a casa: O que é que ia ali fazer? O que é que lhe ia acontecer? A guerra não lhe suspendeu a vida só pelos dois anos da comissão[11]. Iria atordoá-lo[12] durante muitos mais anos. Almiro sabia-o, mas decidiu que não ia falar nem pensar em desgraças. O que ia fazer era esquecer. Esquecer

---

[1] **Calor abafado:** quando um ambiente está quente e não entra nem sai ar, diz-se que está um calor abafado.

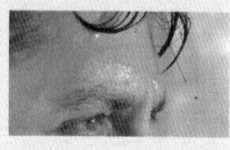

[2] **Suor:**

[3] **Escorrer:** quando um líquido corre numa superfície em fio ou em gotas.

[4] **Têmporas:** cada um dos lados da cabeça, acima das orelhas, ao lado dos olhos.

[5] **Dar conta:** aperceber-se, notar.

[6] **Sacudir:** agitar, abanar.

[7] **Trepidação:** ação de trepidar.
Trepidar: tremer; fazer movimentos rápidos.

[8] **Carrocel:**

[9] **Desassossego:** falta de sossego; ansiedade.

[10] **São e salvo:** livre de perigo de morte.
São (adj.): com saúde; saudável.

[11] **Comissão:** funções num cargo ou emprego temporário. A comissão dos soldados portugueses em África, durante a guerra colonial, era de dois anos.

[12] **Atordoar:** sofrer uma perturbação forte dos sentidos; ficar tonto.

os companheiros que morreram ou que não voltaram inteiros. Uns em emboscadas[13], outros em combate, outros em minas[14], em acidentes de viação[15] ou a manusear[16] armas. Numa guerra destas, há um grande sortido[17] de formas de morrer. Mas Almiro ia passar uma esponja[18] em tudo aquilo. Ia fazer como fazia nas cartas que mandava à mãe: «Eu cá me encontro de boa saúde, graças a Deus.».

Em breve, Almiro irá conhecer o olhar ressentido[19] com que as outras mães de São Brás vão olhar para ele. Ele escapou ileso[20] e os filhos delas não. Porquê? Que explicação há para isto? Nenhuma. Mas Almiro vai pôr em ação a sua estratégia de defesa pessoal. Não vai pensar na desgraça dos outros. Vai ser egoísta.

Na estação de São Brás ninguém vai festejar o seu regresso. Não vai haver banda filarmónica[21], nem missa em sua homenagem. Almiro não é um herói de guerra. Não saía para o mato[22] em combate, nem nunca sofreu nenhuma emboscada. Teve sorte. Era o enfermeiro do aquartelamento[23].

[13] **Emboscada:** a pessoa que espera outra às escondidas para lhe bater ou para a matar faz uma emboscada.

[14] **Minas (antipessoal):** bomba (engenho explosivo) que é posta na terra para atingir pessoas.

[15] **Acidentes de viação:** acidentes com veículos (carros, camionetas, jipes, etc.).

[16] **Manusear:** mexer em.

[17] **Sortido:** variedade.

[18] **Passar uma esponja:** esquecer.

[19] **Ressentido:** magoado, sofrido, ofendido.

[20] **Ileso:** sem lesões ou ferimentos.

[21] **Banda filarmónica:**

[22] **Mato:**

[23] **Aquartelamento:** instalações onde os soldados ficam alojados; quartel.

Num gesto lento, Almiro limpou o suor com as palmas das mãos[24] e esticou as pernas por cima do saco da roupa suja e, nesse instante, sem mais nem menos, voltou a sorrir. Sorria desdenhosamente[25] ao rever-se no papel de enfermeiro. Foi enfermeiro sem o ser. Depois de fazer a recruta[26], mandaram-no para Coimbra para tirar a especialização em Enfermagem, mas pouco tempo depois de ter começado o curso, já estavam a chamá-lo para a guerra. Nem sabe agora se vai poder exercer Enfermagem[27]. O mais certo é não poder. E, no entanto, no aquartelamento, fez de tudo. Dois anos de noites mal dormidas, a acudir a[28] feridos, a doentes de malária, bêbedos e alucinados[29], crianças com diarreia, desidratadas[30], homens mordidos por cães raivosos, mulheres em trabalho de parto[31]...

A verdade é que a cabeça de Almiro ainda está toda em África. Esta inquietação[32] de chegar a casa não é apenas por causa da ansiedade de ver a mãe e as irmãs, é porque ele não faz ideia de como é que se vai voltar a encaixar numa aldeia entre montes e cabras, depois de conhecer a liberdade das paisagens africanas. Paisagens a perder de vista. O clima, o zumbido[33] da bicharada à noite, os banhos no rio, depois de atirarem para lá com granadas[34] para afastar os crocodilos. Almiro ainda

[24] **Palma da mão:**

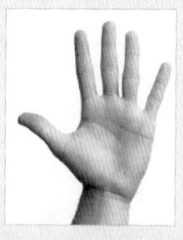

[25] **Desdenhosamente:** de modo desdenhoso.
Desdenhoso: que mostra desdém, desprezo, arrogância, indiferença.

[26] **Recruta:** tempo em que o soldado recebe instrução básica.

[27] **Exercer Enfermagem:** trabalhar como enfermeiro.

[28] **Acudir a (alguém):** socorrer, ajudar.

[29] **Alucinado:** aquele que sofre de alucinações, delírios, visões.

[30] **Desidratado:** que sofre de desidratação; que tem falta de água no corpo.

[31] **Trabalho de parto:** processo em que o bebé sai do corpo da mãe e nasce.

[32] **Inquietação:** insatisfação, apreensão, ansiedade.

[33] **Zumbido:** ato de zumbir; barulho que os insetos fazem.

[34] **Granada:**

não tem esse desejo bem formado na cabeça, mas a ideia de voltar a Angola, de ir para lá viver, quando a paz voltar, vai seduzi-lo e animá-lo durante algum tempo.

Afinal, deixou lá muitas saudades. Esta ideia voltou a fazer Almiro sorrir, desta vez mais abertamente. Mas era um sorriso esquisito, todo torcido. O passageiro em frente até já o olhava com desconfiança.

Almiro não foi um herói da nação, mas foi o herói de uma povoação perdida no norte de Angola. As gentes dali despediram-se dele com rituais e cerimónias de um simbolismo incompreensível para ele. Mas ficou sensibilizado. E, afinal, não tinha feito nada especial. Curou uma infeção muito adiantada, é certo, mas a robustez[35] do paciente e o facto de ele nunca ter tomado antibióticos na vida ajudou no sucesso da operação. O paciente era o soba[36].

O contacto dos soldados com as gentes da aldeia era diário. Do aquartelamento ouviam-se os batuques[37] em dia de ritual ou de festa e, quando o vento soprava a favor, até se ouviam gritos ou chamamentos. A localização da Companhia[38] perto do povoado tinha uma utilidade prática. Os quartéis empregavam os nativos como serventes[39], moços de recados e lavadeiras[40]. Mas havia também outra vantagem: qualquer perturbação da vida normal no quimbo[41] podia ser indício[42] da iminência[43] de um ataque ou nova estratégia do inimigo.

As populações nativas tinham um papel ambíguo na guerra. Tanto podiam colaborar com o exército português como com a guerrilha[44]. Não

---

[35] **Robustez:** próprio daquele que é robusto.
Robusto: forte, resistente.

[36] **Soba:** chefe africano de uma aldeia ou pequeno Estado.

[37] **Batuque:** som de quando alguém toca batuque.

[38] **Companhia:** grupo de militares comandado por um capitão.

[39] **Servente:** ajudante de um oficial (militar).

[40] **Lavadeira:** mulher que tem como tarefa lavar roupa à mão (num tanque ou num rio).

[41] **Quimbo:** aldeia em Angola.

[42] **Indício:** sinal, vestígio.

[43] **Iminência:** qualidade daquilo que é iminente.
Iminente: que está quase a acontecer.

[44] **Guerrilha:** grupo pequeno de pessoas com armas leves que não segue as normas militares internacionais e que se move no terreno com facilidade.

se podia dizer que era por falta de lealdade, mas apenas por instinto de sobrevivência e de proteção da comunidade. De modo que, se uma lavadeira, ocasionalmente, vinha dar pistas[45] aos portugueses acerca do local onde os guerrilheiros tinham sido vistos e do que andavam a tramar[46], estas informações tinham de ser tomadas com muita cautela[47] e desconfiança e muitas vezes acabavam por ser desconsideradas. De vez em quando, os soldados davam conta de um barulho entre a vegetação.

> [45] **Pista:** informação parcial que pode conduzir a uma descoberta.
> [46] **Tramar:** fazer alguma coisa às escondidas que irá fazer mal a outros.
> [47] **Cautela:** cuidado para evitar um mal.
> [48] **Espiar:** procurar informação secreta sobre uma organização.
> [49] **Rondar:** passear em volta de alguma coisa.
> [50] **Ar carrancudo:** ar mal-humorado, «com cara de poucos amigos».
> [51] **Monossílabo:** palavra de uma só sílaba.
> [52] **Turra:** nome atribuído pelos militares portugueses aos combatentes africanos independentistas.

Podia ser de bicho, podia ser de pessoa. Mas ficava a sensação, às vezes a certeza, de que estavam a ser espiados[48]. Outras vezes, mais ao longe, via-se um rapazola a correr. Andava ali a rondar[49] por curiosidade infantil, provavelmente, mas seria só isso?

A desconfiança do lado das populações não era menor, apesar das ações desenvolvidas pela tropa no âmbito do chamado Programa de Ação Psicológica. Tratava-se de criar laços com as comunidades locais através de contactos regulares com a população. Procurava-se dar ajuda na saúde ou na construção de infraestruturas e, assim, criar uma boa imagem dos militares portugueses e, por extensão, da potência colonial de um modo geral.

Mas ali, pelo menos, quando aparecia um soldado na aldeia, sempre armado, as crianças paravam pasmadas e as mulheres punham um ar carrancudo[50] ou baixavam logo os olhos e caminhavam na direção oposta. Os homens também evitavam contactos com os soldados, respondendo só por monossílabos[51], na sua língua, apesar de alguns falarem português. Se havia colaboração com os portugueses, ela nunca podia ser feita à vista de todos, porque depois podia haver represálias dos «turras[52]».

Em todo o caso, os soldados visitavam regulamente a aldeia, não para obter informações sobre a localização do inimigo, mas porque precisavam de alimentos para a cozinha do quartel. O amendoim[53], a banana, o óleo de palma[54], a mandioca[55] e a fuba[56] eram bem--vindos, mas as galinhas eram as mais cobiçadas[57]. Raramente conseguiam arranjar galinhas, porém. As mulheres recusavam-se a vendê-las, fosse pelo preço que fosse. Quando viam um soldado, corriam a enxotá-las[58] para trás de uma cubata[59]. As crianças, que corriam por ali em bandos[60], paravam a ver a cena e riam-se, trocistas[61], na cara do soldado.

[53] **Amendoim:**

[54] **Óleo de palma:**

[55] **Mandioca:**

[56] **Fuba:**

[57] **Cobiçado:** desejado.
[58] **Enxotar:** pôr a fugir, com gestos ou gritos.
[59] **Cubata:** casa de uma aldeia africana feita de cana e folhas.
[60] **Bando:** grupo de aves ou pessoas.
[61] **Trocista:** aquele que faz troça de alguém, que se ri de alguém.
Fazer troça: gozar com alguém; rir-se de alguém; fazer comentários dirigidos a alguém de modo que ele se sinta estúpido.

Abastecer o quartel de carne fresca e, assim, fugir às feijoadas[62] enlatadas[63] que vinham nas rações de combate[64], podia fazer-se através da caça à gazela[65]. Mas esta opção era muito perigosa. A caça tinha de ser feita à noite, com holofotes[66], facilitando a vida ao inimigo, que ficava, assim, a saber a localização dos soldados. Nestas circunstâncias, era muito fácil passar-se de caçador a caçado.

Tentar comprar galinhas na aldeia mais próxima era uma hipótese, mas remota[67]. A aldeia ficava longe, talvez a uns 40 km, e o acesso era feito por picada[68]. Podia haver minas. O mais certo era que houvesse. E, além do mais, nada garantia que não encontrassem a mesma obstinação[69] e acabassem por se vir embora sem galinhas nem frangos, nem ovos sequer. A única diferença era ser uma aldeia maior e mais importante.

---

[62] **Feijoada:**

[63] **Enlatado:** dentro de um recipiente de lata.

[64] **Ração de combate:** comida enlatada para ser consumida pelos soldados nos campos de batalha.

[65] **Gazela:**

[66] **Holofote:**

[67] **Remoto:** distante; afastado; longínquo; pouco provável.

[68] **Picada:** caminho estreito através do mato.

[69] **Obstinação:** qualidade daquele que é obstinado.
Obstinado: aquele que não quer nunca mudar de opinião, posição ou planos.

Era lá que vivia o soba. E foi de lá que ele veio naquela manhã, transportado numa liteira[70] improvisada. Era um longo pau preto, carregado em ombros por quatro homens, grandes e fortes, dois atrás e dois à frente. Pendurado no pau, como um baloiço[71] num parque infantil, estava uma espécie de banco corrido[72] de madeira, onde vinha deitado o soba, coberto com leques de palmeira[73] para lhe fazerem sombra. Atrás da liteira, vinham três mulheres. Apenas duas delas carregavam trouxas[74] à cabeça. A terceira era curandeira[75]. Foi este cortejo[76] que apareceu no aquartelamento, logo cedo, dirigindo-se à porta do edifício principal. Chamaram o 1.º sargento.

[70] **Liteira:**

[71] **Baloiço:**

[72] **Banco corrido:**

[73] **Leque de palmeira:**

[74] **Trouxa:**

[75] **Curandeiro:** pessoa que faz remédios a partir de plantas, sem conhecimentos de Medicina científica.

[76] **Cortejo:** um grupo de pessoas que seguem umas atrás das outras na rua, em geral, numa situação de celebração, cerimónia ou festa.

O soba falou solenemente, em quimbundo[77]. Mas não precisava de ter dito nada. Todos pregaram os olhos[78] na mão direita do homem. Parecia uma luva de boxe[79]. Tinha uma infeção tremenda que já lhe atingia o antebraço[80]. O soba, por fim, calou-se e levantou o braço. Ficou assim um bocado. Por momentos ninguém disse palavra.

Por fim, foram acordar Almiro. Este dormia ainda a sono solto[81], porque tinha passado metade da noite a tratar de um soldado com convulsões[82] e febre alta. Quando chegou à enfermaria, o soba e a sua comitiva[83] já lá estavam. O homem sofria atrozmente[84]. No primeiro momento em que olhou Almiro nos olhos, o seu rosto exprimia dor física, mas sobretudo um sofrimento agudo de orgulho ferido. Afinal, ele, soba, devia ser o mais conhecedor de todos os homens das redondezas[85]. O soba é tudo em um: é polícia, juiz, psicólogo, médico tradicional. É ele que resolve disputas[86] entre aldeãos,

[77] **Quimbundo:** língua do povo banto, Angola.
[78] **Pregar os olhos em (alguém/alguma coisa):** olhar fixamente.
[79] **Luva de boxe:**
[80] **Antebraço:**
[81] **Dormir a sono solto:** dormir profundamente.
[82] **Convulsão:** contração violenta e involuntária dos músculos.
[83] **Comitiva:** conjunto de pessoas que acompanha alguém.
[84] **Atrozmente:** de uma maneira atroz. **Atroz:** que provoca muita dor.
[85] **Redondezas:** localidades próximas.
[86] **Disputa:** luta, discussão.
[87] **Desfaçatez:** falta de vergonha; descaramento; atrevimento.

aconselha os pais a lidar com filhos rebeldes, põe na linha os insubordinados. É a ele que pedem rezas e curas quando algum habitante da aldeia cai doente. É, pois, uma grande desfaçatez[87] do destino não ter conseguido curar-se, nem com a intervenção da curandeira mais famosa da região, e ter agora de recorrer aos serviços médicos do aquartelamento.

Almiro não gostou nada do que viu. A infeção devia estar a lavrar há mais de quinze dias. Aparentemente, tinha começado com um golpe, não muito profundo. Almiro deitou o doente numa maca[88] de lona[89]. Movimentou-lhe o queixo para cima e para baixo. Apalpou-lhe o pescoço e o abdómen[90]. Não havia sinais de rigidez[91]. Com um bocado de sorte, o homem não tinha tétano[92]. De qualquer maneira, também não tinham ali vacina contra o tétano. Por um lado, ainda bem, porque Almiro não fazia ideia se ainda ia a tempo ou não de lhe dar a vacina. A seguir, sentou o soba, pegou no estetoscópio[93] e auscultou-o. A curandeira, que seguia todos os movimentos do enfermeiro com a máxima atenção, ficou suspensa[94] e depois, num movimento brusco de irritação indignada, apontou para a mão infetada. Almiro fez-lhe um gesto de aquietação[95]. Tocou-lhe no ombro e fê-la calmamente sentar-se num banco, a um canto da sala, mas de onde ela poderia continuar a observar as operações.

Almiro voltou a ocupar-se do soba. Lavou-lhe muito bem a mão e o braço com água e sabão. Depois desinfetou com álcool toda a área afetada. A seguir, pegou num bisturi[96], segurou na mão do soba e preparou-se para fazer o primeiro golpe. Ia golpear toda a mão com pequenas incisões[97] superficiais

[88] **Maca:** espécie de cama com estrutura de metal e pano grosso e que serve para transportar doentes.

[89] **Lona:** tecido forte e grosso.

[90] **Abdómen:**

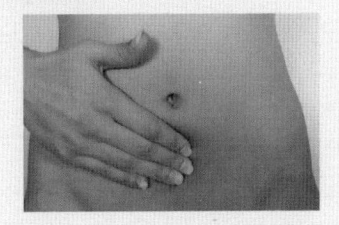

[91] **Rigidez:** qualidade do que é rígido, duro

[92] **Tétano:** doença infeciosa grave que se caracteriza pela contração persistente dos músculos.

[93] **Estetoscópio:**

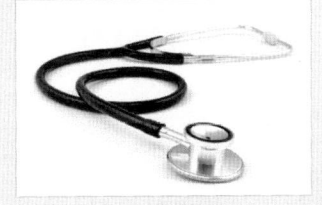

[94] **Suspenso:** (neste contexto) quieto; hesitante; parado; sem saber o que fazer.

[95] **Aquietação:** tranquilidade; estado de calma ou sossego.

[96] **Bisturi:**

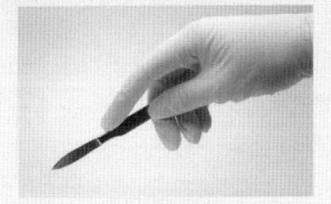

[97] **Incisão:** corte, golpe.

para fazer sair o pus[98], pressionando um pouco o inchaço. Assim que fez a primeira incisão, a curandeira e os quatro homens precipitaram-se, aflitos, para Almiro e empurraram-no, com olhares ameaçadores. O soba repreendeu-os severamente e Almiro prosseguiu a operação. Depois de retirado todo o pus, colocou antibiótico local nos golpes e ligou toda a mão com gaze[99] esterilizada. A seguir, deitou novamente o soba e pô-lo a soro[100], com antibiótico e analgésico.

Aproximou-se a hora de almoço e Almiro mandou vir da cozinha um prato com o que estivesse destinado para aquele dia. A ideia era que o soba ficasse ali internado, mas o paciente recusou. Rejeitou o almoço, apesar de muito debilitado[101], ou talvez por isso, e deu ordem para o levarem para a aldeia vizinha. Almiro insistiu e protestou que o paciente tinha de ficar internado. Gerou-se indignação e escândalo no séquito[102]. Não se podia protestar contra as decisões do soba. Mas este era o que estava menos escandalizado. A decisão, porém, estava tomada: o soba ia mesmo ficar na aldeia. Almiro fez então muitas recomendações, com voz determinada e sapiente[103]: tinha de manter a ligadura sempre limpa, tomar os comprimidos à noite, depois de comer qualquer coisa, e voltar ao outro dia à mesma hora, sem falta. Repetiu estas instruções pela mesma ordem, mais devagar, quase a soletrar[104]. Não tinha a certeza se o estavam a perceber. Almiro começava a desesperar-se. Uma infecção assim não era brincadeira nenhuma. O soba, por fim, fez um aceno de cabeça em sinal de assentimento[105].

[98] **Pus:** líquido espesso e amarelado ou branco produzido por uma infeção.

[99] **Gaze:**

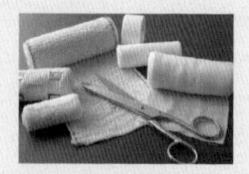

[100] **Soro:**

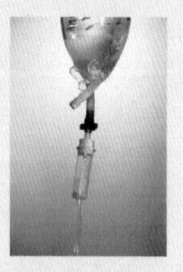

[101] **Debilitado:** fraco.

[102] **Séquito:** comitiva; grupo que acompanha uma pessoa.

[103] **Sapiente:** sabedor.

[104] **Soletrar:** dizer uma palavra letra por letra; dizer uma palavra muito devagar.

[105] **Assentimento:** consentimento, concordância.

De facto, o paciente regressou para o tratamento no outro dia de manhã. Almiro repetiu a operação das incisões, porque ainda havia muito pus para sair, tal era a infeção. O soba submetia-se a tudo, com uma coragem inexpressiva. Voltou sempre nos quinze dias que se seguiram. A mão só começou a dar sinais de melhoria ao fim do quarto dia. Almiro já desesperava. Ele próprio ia à aldeia confirmar o estado da ligadura e medir a febre, deixando os outros doentes na enfermaria a protestar. Tinha medo de ser acusado de negligência[106] ou de má vontade – ou até de se estar a vingar de alguma coisa… Em tempo de guerra, os fantasmas andam de mão dada[107] com a realidade mais crua.

> [106] **Negligência:** falta de cuidado; desleixo.
> [107] **Andar de mão dada:** (neste contexto) estar intimamente ligado.
> [108] **Fístula:** orifício (buraco) por onde sai pus.
> [109] **Emissário:** pessoa que é enviada numa missão.
> [110] **Não vá/fosse o diabo tecê-las:** para o caso de as coisas correrem mal.
> [111] **Paramentado:** com paramentos. **Paramento:** roupa de cerimónia, com muitos enfeites.
> [112] **Adorno:** enfeite; objeto que dá mais beleza.
> [113] **Fazer uma vénia:** baixar a cabeça em frente de alguém importante como cumprimento.
> [114] **Escárnio:** troça.

Chegou a manhã em que foi retirada a última ligadura. Nenhuma fístula[108]. A mão desinchada e a pele quase perfeita. Exclamações de grande alegria entre os acompanhantes do soba. Os soldados bateram palmas. O soba, numa expressão sempre contida e solene, falou para todos, sem olhar para ninguém, e só nas últimas palavras do seu discurso pregou os olhos no enfermeiro. Não era um olhar de agradecimento. Era melhor. Era um olhar de confiança.

Ao fim da tarde desse dia, apareceu no aquartelamento um emissário[109], que solicitava a presença de Almiro na aldeia. Almiro pediu a alguns seus amigos soldados que o acompanhassem, não fosse o diabo tecê-las[110].

Na aldeia havia, nada mais nada menos, do que uma grande festa em homenagem a Almiro. Quando os portugueses chegaram ao centro da aldeia, veio recebê-los o próprio soba, muito bem paramentado[111], com uns adornos[112] na cabeça. Almiro fez-lhe uma vénia[113] e os soldados também. Homens e mulheres sorriam. Dois ou três rapazolas soltaram uma gargalhada. Provavelmente de escárnio[114]. Almiro estava completamente pasmado e não sabia como agir. Os colegas, muito menos, ainda por cima apanhados de surpresa.

De seguida, o soba sentou-se num banco alto. Os homens começaram a fazer uma roda e, todos à uma[115], desataram a cantar, a bater palmas e a dançar freneticamente[116]. Almiro só pedia a Deus que o não chamassem para a roda. Não chamaram. A seguir foram as oferendas[117]. Um grande colar de madeira trabalhada para o herói enfermeiro e nada mais nada menos do que um grande cesto[118] de galinhas vivas presas pelas patas. Os soldados riam. Almiro continuou aparvalhado[119].

Quando chegaram ao quartel com as galinhas, o resto da tropa nem queria acreditar. O cozinheiro e os ajudantes deitaram logo mãos à obra. Foi aquele o jantar mais abastado[120] dos seus dois anos de guerra. E tudo graças a Almiro, que desde esse dia ficou com a alcunha[121] de *Soba Man*.

As alcunhas eram muito comuns. O cabo Açordas[122], que vinha de uma aldeia alentejana, o *Cabra Esganada*[123], porque falava muito alto, o alferes *Papa-Unhas*[124]... Almiro quer lembrar-se agora dos nomes verdadeiros deles todos e, de alguns, já só sabe a alcunha.

Fecha novamente os olhos. O sol inclinado, filtrado pelos vidros foscos[125] da janela do comboio, bate-lhe agora em cheio na cara. Almiro continua a rever os colegas da Companhia: o *Zé-Grilo*, a imitar na perfeição a fala e os tiques do

---

[115] **Todos à uma:** todos ao mesmo tempo.

[116] **Freneticamente:** com frenesim. **Frenesim:** estado de atividade ou emoção incontrolável.

[117] **Oferenda:** prenda, oferta.

[118] **Cesto:**

[119] **Aparvalhado:** desorientado, desnorteado, atrapalhado.

[120] **Abastado:** que tem bastante quantidade de alguma coisa.

[121] **Alcunha:** nome que se usa para designar uma pessoa em vez do nome próprio. A alcunha é criada a partir de alguma característica física ou episódio que se tenha passado com a pessoa alcunhada.

[122] **Açorda:** prato típico do Alentejo, à base de pão.

[123] **Esganado:** estrangulado; aquele a quem apertam o pescoço.

[124] **Papar** (registo familiar): comer. «Papa-unhas»: aquele que rói as unhas.

[125] **Vidro fosco:** que deixa passar a luz, mas que não permite ver bem os objetos do outro lado do vidro.

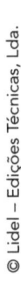

1.º sargento; o *Ronhas*[126], que se fingia sempre doente para ir dormir uma sesta à enfermaria. O *Da Rita*, que passava a vida a escrever cartas para a namorada, «Minha querida Rita, …». Provavelmente, os outros também só se lembrarão dele como o *Soba Man*. Ou então fazem por esquecer tudo, como ele vai fazer. Esquecer tudo. Os vivos e os mortos.

Finalmente, o espírito de Almiro sossega. Adormece e deixa passar a estação de São Brás.

> [126] **Ronha** (registo familiar): qualidade daquele que tem manha, que finge.

Exercícios

Compreensão

1. **Para cada pergunta, escolha a resposta correta. Explique brevemente em que é que as outras opções estão erradas.**

    1. Neste conto, a narrativa é circular. Justifique esta afirmação.
        a) O caráter circular da história prende-se com o facto de Almiro estar a iniciar a sua vida pela segunda vez, pois da primeira vez ele não sabia o que ia fazer, mas agora já sabe. Há um recomeçar e, por isso, o círculo fecha-se e reinicia-se.
        b) Trata-se de uma narrativa circular, pois ela começa e acaba no mesmo plano temporal e no mesmo espaço, depois de terem sido relatados factos que se passaram noutro tempo e noutro espaço.
        c) A circularidade da narrativa explica-se pelo facto de todos os eventos relatados apresentarem uma relação de causa e efeito, tornando a ação global numa ação fechada.

    2. Identifique as razões que levam Almiro a sorrir várias vezes.
        a) Almiro sorri pela primeira vez ao pensar que não tinha avançado nada na sua vida. Depois, sorri com algum desprezo pelas circunstâncias em que se tornou enfermeiro. Já o último sorriso deve-se à lembrança de ter sido um herói. Não um herói de guerra, mas um herói aos olhos dos habitantes de uma pequena aldeia africana.

b) Almiro sorri várias vezes porque está nervoso e ansioso. O seu sorriso mostra que, de alguma maneira, ele está a tentar adaptar-se novamente à sua aldeia e fazer ali a sua vida. Ele quer esquecer tudo e ser feliz. Por isso, esforça-se por sorrir, ainda que a princípio seja um sorriso esquisito.

c) No texto, refere-se que Almiro sorri três vezes. O primeiro sorriso é irónico, porque ele sabe que, apesar de ter vivido o que viveu, em termos práticos, não progrediu nada na vida. O segundo sorriso é desdenhoso, porque Almiro nunca quis ser enfermeiro. O último sorriso é esquisito, porque África para ele é um ambiente estranho, ao qual ele não quererá regressar.

3. Explique como é que a população nativa tentava proteger-se de ataques.

   a) A população não queria a guerra, queria viver em paz. Por isso, procurava ser neutra, isto é, nem agia em favor dos portugueses, nem a favor dos guerrilheiros.

   b) As pessoas das aldeias em Angola evitavam entrar em conflito com os portugueses e aceitavam trabalhar para eles para não sofrerem as consequências.

   c) Uma estratégia a que a população recorria era colaborar ora com os portugueses, ora com os guerrilheiros.

4. Na aldeia vizinha do aquartelamento de Almiro, as mulheres recusavam-se a vender galinhas aos soldados. Que outras opções tinham eles para arranjar carne fresca?

   a) As alternativas eram comer ração de combate ou ir pescar no rio, atirando granadas para afastar os crocodilos.

   b) Na tentativa de obter carne fresca, entre outros objetivos, os portugueses desenvolviam ações no âmbito do Programa de Ação Psicológica.

   c) As opções não eram muitas e, além disso, eram arriscadas: ir caçar à noite ou ir procurar comprar galinhas a outra aldeia mais distante.

5. Descreva a evolução da reação do soba em relação a Almiro.

   a) Primeiramente, o soba era frio e distante, mas no fim mostrou-se grato.

   b) O soba, a princípio, sentiu-se humilhado por ter de se sujeitar ao tratamento de Almiro, mas depois de terminar o tratamento confiava nele plenamente.

   c) O soba quis sempre manter a sua autoridade em relação a tudo e a todos e só depois de ver que Almiro o tinha curado é que lhe agradeceu.

   _____

   _____

6. Como interpreta o facto de os soldados atribuírem alcunhas uns aos outros?

   a) A alcunha era uma maneira de humilhar e ofender o soldado. A alcunha criava desigualdades e servia para impor uma hierarquia dentro do exército.

   b) As alcunhas tinham a ver com uma característica ou ação passada do soldado. As alcunhas faziam rir e criavam um sentimento de companheirismo e camaradagem.

   c) As alcunhas eram mais fáceis de memorizar do que os nomes próprios. Como nos aquartelamentos havia sempre muitos soldados, a atribuição de alcunhas era uma estratégia eficaz.

   _____

   _____

7. Almiro deixa passar a estação de São Brás. O que significa isto?

   a) Este acontecimento mostra o cansaço físico e mental de Almiro.

   b) Isto prova que, no fundo, Almiro não tinha realmente interesse em regressar à sua terra.

   c) Esta atitude revela o medo que Almiro sentia de ter de encarar as mães dos soldados que morreram na guerra.

Vocabulário

2. Para cada frase, escolha o sentido correto da expressão sublinhada.

1. O João estava tão concentrado a escrever o *e-mail* que nem <u>deu conta</u> do fumo que vinha da cozinha, da comida a queimar-se no fogão.
   a) quis saber.
   b) se apercebeu.
   c) se esqueceu.
   d) se importou.

2. Às vezes, para um casal conseguir ultrapassar ressentimentos é preciso <u>passar uma esponja</u> sobre palavras azedas e más atitudes. Afinal, ninguém é perfeito.
   a) limpar.
   b) lembrar.
   c) esquecer.
   d) reconhecer.

3. Quando a Susana apresentou o seu projeto de marketing para o novo produto, o Carlos <u>pregou os olhos</u> nela até ao fim da reunião. Aquele projeto era uma cópia do projeto dele.
   a) olhou de modo ameaçador.
   b) olhou diretamente e durante muito tempo.
   c) olhou com um ar interrogativo.
   d) olhou por olhar.

4. Era o dia de aniversário da minha irmã e nós íamos fazer-lhe uma surpresa. Assim, quando ela entrou em casa, gritámos-lhe, <u>todos à uma</u>: «Feliz aniversário!»
   a) muito alto.
   b) ao mesmo tempo.
   c) na altura combinada.
   d) todas as vezes.

5. Ricardo chegou ao hotel já passava da meia noite. Vencido pelo cansaço, deitou-se na cama meio vestido e <u>dormiu a sono solto</u> até de manhã.

   a) esteve inconsciente.
   b) não teve sonhos.
   c) dormiu profundamente.
   d) dormiu meio bêbedo.

6. O Pitucha, o meu cão, que tinha desaparecido a semana passada, regressou a casa <u>são e salvo</u>.

   a) sem ferimentos nem doenças.
   b) salvo por alguém.
   c) sem precisar de o salvarem.
   d) sem fome nem sede.

3. Preencha os espaços do texto. Cada espaço deve ser preenchido com uma palavra formada a partir da palavra ao lado em maiúsculas. Siga o exemplo.

Na passada segunda-feira, uma criança de 10 anos foi perseguida por um grupo de cães, (0) **aparentemente** sem dono. Conseguiu escapar (1) _____, graças à intervenção de várias pessoas que passavam na rua.	APARENTE LESÃO
Com a nova lei da proteção dos animais, as Câmaras Municipais deixam de poder abater animais vadios, abandonados pelos donos. Trata-se de uma lei polémica, que conta com a oposição dos próprios veterinários. Os responsáveis camarários afirmam também que já se nota a presença de mais animais na rua e que as pessoas sentem mais (2) _____ por causa disso.	QUIETO
A nova lei também pretende proteger os animais que muitas vezes são vítimas de (3) _____, sofrendo (4) _____ às mãos dos seus donos. A má nutrição, a (5) _____ e a falta de espaço são os maus-tratos mais frequentemente praticados. No caso do cão, por exemplo, a falta de espaço torna o animal nervoso e fá-lo agir (6) _____, podendo até tornar-se perigoso.	NEGLIGENTE/ /ATROZ HIDRATAR FRENÉTICO

(continua)

(continuação)

> As razões para o abandono dos animais são várias, mas a principal parece ser a económica. A vacinação e todos os cuidados veterinários podem representar uma despesa elevada.

📖 Gramática

4. **Preencha os espaços em branco com uma ou duas palavras de modo a completar corretamente cada pergunta.**

    a) _____ que meio de transporte está Almiro a regressar a casa?
    Comboio.

    b) _____ tempo durava a comissão de serviço de Almiro?
    Dois anos.

    c) _____ era o responsável pelo aquartelamento?
    O 1.º sargento.

    d) _____ é que os soldados queriam comprar na aldeia?
    Galinhas.

    e) _____ é que era perigoso tomar banho no rio?
    Por causa dos crocodilos.

    f) _____ é que no quartel se comeu carne fresca?
    Despois da homenagem a Almiro.

    g) _____ que é que servia o Programa de Ação Psicológica?
    Pretendia-se prestar serviço às populações e, assim, ganhar aceitação.

    h) _____ é que era perigoso ir por caminhos desconhecidos no meio do mato?
    O perigo estava na possibilidade de haver minas.

    i) _____ é que estava a mão do soba?
    Péssima.

    j) _____ o que é que Almiro curou o soba?
    Com antibiótico.

Das palavras aos atos – e dos atos às palavras

Guilherme da Costa Amado está em mudanças. Viveu nos últimos vinte anos no Porto, na Rua do Loureiro, num prédio antigo, em casa alugada. A sala é interior, sem janelas, bastante lúgubre[1]. Os dois quartos, porém, são soalheiros[2]. O quarto que ele ocupa é espaçoso e até tem uma pequena varanda. No outono e inverno, é muito agradável passar lá as tardes de domingo. A varanda dá para um patiozinho modesto. É dona dele uma grande laranjeira e à volta há petúnias[3] lilases sobre os muros divisórios dos pátios vizinhos.

Guilherme é até capaz de vir a[4] ter saudades daquele lugar, agora que pensa nisso, apesar de escuro, apesar de sujo, apesar do ruído constante do «chega-e-parte» dos comboios na estação de São Bento, a que, depois de tanto tempo a morar ali, nunca se conseguiu habituar. Está a mudar-se para Matosinhos. Obteve um empréstimo do banco e comprou um apartamento usado, mas moderno. Guilherme é agora, aos 45 anos, um homem com casamento marcado. Despediu-se da refinaria de Açúcar, RAR, onde era condutor de empilhadeira[5], e, aventura das aventuras, montou empresa própria. No último ano, a sua vida deu uma volta de 180 graus. Em parte foi sorte, em parte foi uma questão de tomar coragem e passar das palavras aos atos.

Guilherme nasceu em Boticas, Trás-os-Montes. Era o quarto de cinco irmãos de uma família de lavradores. Fez o 12.° ano com boas notas, mas não

---

[1] **Lúgubre:** triste, sombrio e escuro.
[2] **Soalheiro:** onde entra o sol.
[3] **Petúnias:**
[4] **Vir a:** usa-se para dizer uma ação futura em relação a um ponto de referência passado. Por exemplo, «Em 1980, o Zé conheceu a Maria, com quem viria/veio a casar-se depois.».
[5] **Empilhadeira:**

foi para a universidade. Os irmãos também não. Guilherme ainda falou nisso em casa e os pais ponderaram[6] lançar mão de[7] algumas economias para fazer face a despesas[8] com propinas[9], alimentação e alojamento na cidade. Mas quando o rapaz revelou que queria candidatar-se a Psicologia, os pais torceram logo o nariz[10]. Que emprego ia ele conseguir com um curso desses? Guilherme compreendia que seria profissionalmente muito menos arriscado se optasse por um curso técnico, mas não era aí que estava o seu interesse. Por isso, insistiu com os pais e propôs, em alternativa, fazer Literatura ou Filosofia.

> [6] **Ponderar:** pensar, considerar.
> [7] **Lançar mão de:** usar.
> [8] **Fazer face a despesas:** pagar.
> [9] **Propina:** dinheiro que se paga a uma escola ou universidade para se poder estudar lá.
> [10] **Torcer o nariz:** mostrar que não se está de acordo ou que não se vai fazer o que está a ser proposto.
> [11] **Capricho:** vontade forte de fazer uma coisa que não tem sentido.
> [12] **Sacristão:** aquele que ajuda o padre na missa.
> [13] **Concórdia:** paz, acordo.
> [14] **Paroquiano:** aquele que faz parte de uma comunidade correspondente a uma paróquia.
> **Paróquia:** divisão territorial religiosa; território em que a comunidade está subordinada a um pároco (padre).

Tinha tido 19 valores no exame nacional de Filosofia. Para os pais, isso ainda era pior! Estar a pagar um curso para depois vir para casa sem trabalho era um capricho[11] que eles, pais de mais quatro rapazes, não podiam satisfazer – nem ele tinha o direito de pedir.

O gosto de Guilherme pela Psicologia, e pelas Humanidades em geral, veio-lhe do tempo em que era sacristão[12]. Começou a ajudar à missa teria talvez uns doze anos. O padre de Boticas era bom pregador. Nos seus sermões, transmitia ensinamentos sábios ao povo, promovia a concórdia[13] entre todos os paroquianos[14] e nunca se metia em políticas. Guilherme ouvia-o sempre com atenção. Sem se dar conta, apreciava sobretudo as habilidades retóricas do pároco. Também gostava de, nas horas vagas, ler as revistas católicas que o padre encomendava, com títulos inspiradores: *Vida Nova*, *Sentinela*, *O caminho da Luz*. Todas diziam mais ou menos a mesma coisa, mas foi com elas que Guilherme descobriu nessa altura o fascínio pela leitura, digamos, no sentido quantitativo. Independentemente da qualidade da publicação, o que lhe dava prazer era chegar ao fim, olhar para uma pilha de volumes de livros ou revistas e dizer para consigo: «Ena, li isto tudo!».

Por outro lado, os invernos em terras de Barroso[15] podem ser muito duros. Os dias são curtos e cortados por um vento gelado logo a partir de meados de outubro. As estradas ficam intransitáveis com a neve. Os pardais aparecem de manhã caídos no chão, mortos, retesados[16] com o gelo, debaixo dos carvalhos onde, na véspera[17], numa azáfama[18] de chilreios[19], tinham poisado para dormir. Até os lobos deixam de uivar à noite. Com um tempo assim, não se joga à bola na rua, nem se sobe às árvores, nem nada. É preciso estar dentro de portas, à lareira[20].

As horas passavam devagar. No tempo em que Guilherme era garoto, não havia videojogos, nem Netflix. Só havia uma estação de televisão, com algumas horas de emissão. Guilherme ficava então no seu quarto a ler. Ler a metro[21]. Os irmãos gozavam com ele, mas ele não queria saber.

Começou a trazer para casa livros da biblioteca da escola, que pouco mais oferecia do que literatura infantojuvenil. Depois de consumidas todas as histórias de aventuras e narrativas edificantes[22], Guilherme quis passar a uma nova fase da sua carreira de leitor. Em Boticas, porém, não havia biblioteca municipal, só em Montalegre, a 30 km de distância. Guilherme passou a pedir ao tio, que era taxista, que lhe desse boleia sempre que fosse a Montalegre levar ou trazer um cliente.

Foi por essa altura que se deu a sua maturação[23] literária. Deixou os livros para crianças e passou aos clássicos de língua portuguesa. Lia todos os volumes que ali havia, por autor: Machado de Assis, Eça de Queirós, Camilo Castelo Branco, ... século XIX, basicamente. Depois, metodicamente, passou à literatura estrangeira. Houve obras em que não compreendeu nada, ou se compreendeu

---

[15] **Barroso:** nome tradicional da região formada pelos concelhos de Montalegre e Boticas.

[16] **Retesado:** teso, duro e esticado.

[17] **Véspera:** dia anterior.

[18] **Azáfama:** várias tarefas urgentes, que se fazem com pressa ou atrapalhação.

[19] **Chilreios:** sons emitidos por vários pássaros.

[20] **Lareira:**

[21] **A metro:** em grande quantidade.

[22] **Edificante:** instrutivo, esclarecedor, construtivo.

[23] **Maturação:** processo de amadurecer; tornar-se maduro, sensato, sabedor.

não descortinou[24] sentido nenhum. Obras como *A Terra Devastada*, de T. S. Eliot, *As Ondas*, de Virginia Woolf, *O Monte dos Vendavais*, de Emily Brontë, perturbaram-no profundamente. Durante a leitura, havia momentos em que se irritava ferozmente por lhe parecer que o escritor estava a gozar com o leitor. Suspeitava que o autor não tinha nada para dizer e que se punha a escrevinhar[25] ideias e imagens desconcertantes[26], absurdas, ilógicas, só pelo gosto de manipular as palavras e ver que efeito daí resultava. Guilherme chegava a zangar-se com aquilo e, por vezes, apetecia-lhe deitar os livros pela janela fora. Mas não desistia, afinal. Aqueles livros pareciam ao mesmo tempo exercer nele uma atração estranha. Kafka metia-lhe medo. Mas quanto mais medo tinha, mais lia. Andou assim atormentado durante semanas. Apesar disso, prosseguia sempre na sua empreitada[27], aumentando perseverantemente[28] a sua contagem de livros lidos.

O padre começou a ficar desconfiado com tantas leituras. Alarmou-se[29] mesmo, depois de o ter apanhado com a *Madame Bovary* na sacristia[30]:

— Tem cuidado, Guimito. Lembras-te do que aconteceu quando os judeus conspiraram[31] contra o apóstolo[32] Paulo? A sua muita erudição[33] tornou-se, na hora da sua defesa, o seu ponto fraco. «As muitas letras[34] te fazem delirar[35]!», gritou-lhe Festo[36], com desprezo. Tudo tem o seu peso e medida[37], Guimito. A leres assim, dia e noite, até podes dar em maluquinho, meu filho.

---

[24] **Descortinar:** tirar as cortinas; chegar a compreender.

[25] **Escrevinhar:** escrever coisas sem importância; fazer anotações; escrever de forma incorreta.

[26] **Desconcertante:** que deixa as pessoas baralhadas e confusas.

[27] **Empreitada:** trabalho ou tarefa difícil.

[28] **Perseverantemente:** de modo perseverante.
Perseverante: que não desiste facilmente.

[29] **Alarmar-se:** assustar-se.

[30] **Sacristia:** sala onde se guardam as roupas do padre e os objetos de culto para a missa.

[31] **Conspirar:** combinar secretamente um plano para fazer mal a alguém.

[32] **Apóstolo:** na bíblia, um dos doze discípulos de Cristo.

[33] **Erudição:** saber académico muito amplo.

[34] **Letras:** (neste contexto) leituras.

[35] **Delirar:** ter perturbações mentais em que a pessoa acredita em coisas que não são verdadeiras.

[36] **Festo:** personagem bíblica.

[37] **Ter peso e medida:** ter equilíbrio; não exagerar.

Guilherme cresceu e o padre arranjou outro sacristão. Aos 20 anos, Guilherme era um rapaz pálido[38] e franzino[39]. Ajudava na lavoura[40], mas pouco. O pai tinha medo que ele arranjasse alguma doença por esgotamento físico. Por isso, a função de Guilherme nas terras era conduzir o trator[41] e pouco mais. No tempo que lhe sobrava, que era muito, Guilherme recolhia-se em casa. Não tinha namorada e não era muito de ir ao café. Às vezes, ia ver a bola. Pouco entusiasmo lhe trazia, porém. O clube da terra perdia sempre. O Boticas Futebol Clube nunca chegou a ganhar em casa[42]. Já se dizia, meio a sério, meio a brincar, que era bruxedo ou mau-olhado[43] ali lançado.

Depois das leituras abundantes, Guilherme quis também experimentar as artes da escrita. Começou a escrever crónicas instrutivas e moralizadoras para os jornais regionais e, inclusivamente, para o *Diário do Minho*, sob o pseudónimo «Cândido[44] Boa-Fé». Eram crónicas cheias de alegorias[45] e parábolas[46] inventadas por ele próprio. Sobre o cego verdadeiro que, após cegar, luta para superar as suas limitações, em contraposição com o cego voluntário que nada quer saber nem aprender e que passa a vida a queixar-se. Sobre o homem rico que julgava ter o mundo na mão, mas que, ao não dar ouvidos à sabedoria dos mais velhos, deita tudo a perder[47] com a sua ganância[48] e sobranceria[49]. Ou sobre o juiz vendido que, tal como muitos de nós, abdica[50] de pensar

---

[38] **Pálido:** muito branco na cara.
[39] **Franzino:** magro e fraco; frágil.
[40] **Lavoura:** trabalho agrícola.
[41] **Trator:**

[42] **Jogar em casa:** quando o clube de futebol joga na sua terra, cidade ou país.
[43] **Mau-olhado:** segundo a crença popular, ato de poder fazer mal a uma pessoa só de olhar para ela.
[44] **Cândido:** inocente, puro, ingénuo.
[45] **Alegoria:** representação de uma realidade abstrata através de uma realidade concreta.
[46] **Parábola:** história que transmite uma moralidade.
[47] **Deitar tudo a perder:** tomar uma decisão que se revela desastrosa.
[48] **Ganância:** ambição sem limites por riqueza ou glória.
[49] **Sobranceria:** maneira muito orgulhosa de falar ou tratar as outras pessoas.
[50] **Abdicar:** desistir de fazer ou ter uma coisa.

pela sua própria cabeça para enveredar[51] por avaliações arbitrárias[52] e tendenciosas[53], só porque isso lhe dá jeito em certo momento da vida. Era esta a toada[54] dos seus escritos.

Obteve um relativo sucesso e notoriedade[55] com estas crónicas. Na sequência disso, foi convidado a participar no Congresso de Medicina Popular, em Vilar de Perdizes. Participou no evento durante cinco anos seguidos. Este Congresso era inicialmente destinado à divulgação das tradições da cultura popular da região. Rapidamente, porém, começou a aparecer por ali todo o tipo de charlatães. Quiromantes[56], videntes[57], magos[58], curandeiros, cartomantes[59], tarólogos[60], endireitas[61], médiuns[62], adivinhos[63], magnetistas[64], necromantes[65], telepatas[66], astrólogos[67], alquimistas[68] e encantadores de

---

[51] **Enveredar:** seguir por um caminho e não outro.

[52] **Arbitrário:** que depende apenas da vontade.

[53] **Tendencioso:** que é favorável a uma pessoa ou organização e não a outra; que não é objetivo; que é parcial.

[54] **Toada:** (neste contexto) tom, estilo.

[55] **Notoriedade:** qualidade daquele que consegue chamar a atenção do público; fama.

[56] **Quiromante:** aquele que diz adivinhar o destino pelos traços da palma da mão.

[57] **Vidente:** pessoa que diz ter poder sobrenatural para saber acontecimentos passados e futuros.

[58] **Mago:** homem que pratica magia.

[59] **Cartomante:** pessoa que diz que adivinha o futuro através da leitura de cartas de jogar.

[60] **Tarólogo:** cartomante que usa cartas de *tarot* (cartas com símbolos).

[61] **Endireita:** pessoa que não estudou Medicina e que diz que trata de problemas de ossos.

[62] **Médium:** pessoa que diz que tem a capacidade de comunicar com os espíritos.

[63] **Adivinho:** pessoa que diz que prevê o futuro.

[64] **Magnetista:** aquele que diz que sabe quais relações de atração entre todas as coisas físicas e espirituais.

[65] **Necromante:** aquele que diz que adivinha consultando as almas dos mortos.

[66] **Telepata:** médium.

[67] **Astrólogo:** aquele que diz que adivinha por consulta dos astros.

[68] **Alquimista:** aquele que diz que transforma em ouro outros metais.

serpentes[69]. O Congresso tornou-se uma festa, uma feira, um festival das artes do oculto, onde se compravam e vendiam amuletos, xaropes, licores, chás, óleos, ervas medicinais, mezinhas[70] para todo o tipo de males, bonecos vudu, talismãs, bijuteria[71] energética e outras bugigangas[72] indutoras de êxtases místicos e evocações exóticas. As barraquinhas alinhadas formavam ruas coloridas e perfumadas em ondas odoríficas[73] de ectoplasmas[74] e fumagens corporizando espectros[75] evanescentes[76]. A feira atraía não só os costumeiros clientes, com todo o tipo de predisposição para acreditar em todo o tipo de patranhas[77], mas também simples curiosos e turistas. Abriram-se restaurantes. Casas particulares transformaram-se em albergues. Em pouco tempo, a aldeia de Vilar de Perdizes já era conhecida em Lisboa!

Guilherme mantinha ali uma tenda onde dava consultas de autoajuda. A sua atividade tinha, portanto, um caráter indefinido, atendendo ao contexto da feira. A sua barraca não estava enfeitada com sedas, nem lantejoulas[78], nem estatuetas[79] ou vapores. Guilherme não fazia profecias, nem prospeções[80] aos espíritos. Fazia, talvez, um trabalho que se aproximava do de psicólogo amador[81]. Em todo o caso, sem muita hesitação, os organizadores do evento punham-no sempre na secção dos bruxos.

---

[69] **Encantador de serpentes:**

[70] **Mezinha:** remédio caseiro.
[71] **Bijuteria:** joia de pouco valor.
[72] **Bugigangas:** objetos sem valor.
[73] **Odorífero:** que deita cheiro.
[74] **Ectoplasma:** espírito com que os médiuns dizem que falam.
[75] **Espectro:** fantasma.
[76] **Evanescente:** que vai desaparecendo.
[77] **Patranha:** mentira.
[78] **Lantejoulas:**

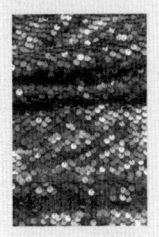

[79] **Estatueta:** pequena estátua.
[80] **Prospeção:** ação de procurar algo de valioso.
[81] **Amador:** que não é profissional.

As pessoas que o consultavam podiam não sair dali com os seus problemas resolvidos, longe disso, mas vinham sempre um pouco mais aliviadas. Não as incomodava Guilherme ser tão jovem e, supostamente, tão inexperiente nas coisas práticas da vida. Assumiam que ele tinha um dom[82], claro está. Guilherme, por seu turno, ouvia-as calmamente. Algumas mais tímidas, outras mais desenvoltas, lá lhe relatavam os seus problemas.

> [82] **Dom:** talento natural.
> [83] **Levar a bom termo:** realizar com sucesso.
> [84] **Estar ciente:** ter consciência.
> [85] **Receoso:** com medo.
> [86] **Mandar bocas:** fazer comentários ofensivos.
> [87] **Chulé:** mau cheiro dos pés.
> [88] **Preso por ter cão e preso por não ter:** diz-se quando alguém implica com outra pessoa quer por fazer quer por não fazer uma coisa.
> [89] **Safar-se bem na vida:** ter sucesso.

Guilherme, manifestando o maior interesse do mundo por cada caso, tentava incutir-lhes esperança, disciplina, autoestima, coragem, determinação, postura. Explicava-lhes que, a partir do momento em que decidiam realizar uma mudança significativa nas suas vidas, deviam estar preparadas para um esforço diário que só uma grande força de vontade permitiria levar a bom termo[83]. Alertava-as também para estarem cientes[84] de que uma mudança traz sempre custos e riscos, ganhos e perdas. Aqui os seus clientes começavam a ficar receosos[85], mas Guilherme fazia-lhes ver que a alternativa, ou seja, encolher os ombros e deixar andar, era sempre a pior escolha – e que podia até conduzir a resultados trágicos. Os sintomas que tipicamente mais afligiam quem procurava os seus conselhos eram os ataques de pânico, ideias fixas, visões, ciúmes, saudades e insatisfações de vária ordem e em diferentes graus.

Por exemplo, entrava um cliente e desabafava assim:

– A minha vida é um autêntico inferno! A minha mulher grita comigo a toda a hora, a minha sogra manda bocas[86]. E depois os meus filhos, está claro, já não me têm o respeito que deviam. As duas estão sempre a implicar por coisas de nada: se entro com as botas da lavoura, é porque sujo a casa toda; se me descalço, é porque cheiro a chulé[87]; se estou em casa, é porque sou preguiçoso; se saio para trabalhar, é porque não quero saber da família... é preso por ter cão e preso por não ter[88]! Eu bem tento fazer o que elas querem, mas nada as satisfaz, nada está bem, nada resulta! Eu sou um desastrado, eu sei. Um falhado, tenho de reconhecer. Os outros safam-se bem na vida[89], mas eu não. Um primo meu é construtor civil. Um outro tem grandes plantações de estufa[90], com subsídios do Estado. O meu cunhado montou agora uma casa de turismo de habitação, além do emprego que já tem na Câmara. E eu, desgraçado, ando nesta miséria. Guardo ovelhas e vendo o leite, mais nada. Nem o queijo faço, porque exigem instalações muito caras e regulamentos muitos complicados. Eu, sozinho, não sou capaz de me desenvencilhar[91] com as leis. Não entendo nada do que lá dizem! Não sei o que hei de fazer, francamente. Estou a desesperar. Durmo mal. Tenho palpitações[92]. Dores de cabeça.

[90] **Estufa:**

[91] **Desenvencilhar-se:** resolver um problema, livrando-se dele.

[92] **Ter palpitações:** sentir o coração a bater com força.

[93] **Coscuvilheiro:** aquele que tem curiosidade pela vida dos outros.

[94] **Demoníaco:** diabólico; próprio do diabo.

[95] **Animalesco:** próprio de animal.

[96] **Duas faces da mesma moeda:** duas coisas são duas faces da mesma moeda quando essas duas coisas estão intimamente relacionadas, ainda que pareçam muito diferentes.

Guilherme deixava os seus clientes falar à vontade. Não fazia perguntas, ou fazia muito poucas, porque não queria passar por coscuvilheiro[93]. Depois de eles desabafarem tudo, iniciava o seu discurso, às vezes bastante demorado:

– O ser humano é uma entidade extremamente complexa. Não há dúvida de que o Homem tem uma componente divina, pois foi criado à imagem e semelhança de Deus, mas também tem uma parte demoníaca[94] e animalesca[95]. São duas faces da mesma moeda[96]. A moeda é cada um de nós. A maioria das pessoas tem estes dois ingredientes em percentagem mais ou menos equilibrada. Quando não é a própria pessoa a controlar, em consciência, a parte endiabrada do seu caráter, a própria sociedade, quer através do código moral quer através do código penal, encarrega-se de o fazer. Mas há também os casos extremos. Há, por um lado, pessoas que se comportam como autênticos santos e outras que agem como verdadeiros demónios. Aquelas vivem em harmonia, acreditam candidamente na aliança natural entre todas as forças viventes; estas vivem no caos e semeiam esse caos por onde passam. Para estas pessoas, todos os sonhos acabaram e vivem agora consumidas pelo ressentimento[97] e pelo medo, com monstros debaixo da cama e macaquinhos no sótão[98], mas afinal são elas próprias que metem medo. Acham-se vítimas de tudo e de todos, apesar de serem elas próprias extremamente malévolas[99]. São como parafusos a furar, a furar, a infligir[100] dor no outro, em pequenas doses, ardilosamente[101], só pelo puro prazer de provocar cinicamente sofrimento, aflição e angústia no seu semelhante[102]. Depois, ficam comodamente a assistir ao espetáculo.

A esta altura do discurso, o cliente empalidecia[103]. Ficava branco como a cal[104], sobretudo quando Guilherme chegava à metáfora do parafuso. Este dava conta disso e continuava, confiante.

– Ora, as grandes tragédias sociais, a nível mundial, e também as tragédias pessoais, vividas dentro de portas, ocorrem, em grande medida, sempre que as pessoas boas – ou moderadamente boas – se recusam a acreditar que existem pessoas realmente más. Acreditam, erradamente, que lá no fundo da sua consciência, no seu íntimo, no ponto mais recôndito do seu ser, todo o indivíduo guarda alguma réstia[105] de generosidade, altruísmo e sensatez, qualidades estas que, em contextos mais favoráveis, acabarão por florescer[106]. Ora, este é um erro muito grande que a maioria das pessoas comete[107]. Desde os princípios dos tempos que este erro acontece. Por isso é que Abel foi morto por Caim[108]. As pessoas acreditam que o Homem nasce bom e que é a sociedade que o corrompe, como disse Rousseau[109]. Mas experimente «libertar» a criança das regras da convivência em sociedade e verá em que bicho ela se transforma. Obterá uma criatura muito diferente do «bom selvagem». O que

---

[97] **Ressentimento:** lembrança de uma coisa que nos magoou e que nos ofendeu.

[98] **Ter macaquinhos no sótão:** pensar constantemente em coisas absurdas.

[99] **Malévolo:** mau.

[100] **Infligir:** aplicar, impor.

[101] **Ardilosamente:** com ardil.
Ardil: plano para enganar alguém.

[102] **O nosso/seu semelhante:** a outra pessoa com quem no dia a dia nos cruzamos ou lidamos.

[103] **Empalidecer:** ficar pálido.

[104] **Branco como a cal:** muito pálido.

[105] **Réstia:** aquilo que sobra de uma coisa que se gastou e que era positiva.

[106] **Florescer:** (neste contexto) nascer e desenvolver-se.

[107] **Cometer:** fazer.

[108] **Abel e Caim:** personagens bíblicas.

[109] **Jean-Jacques Rousseau:** filósofo suíço (1712-1778).

a teoria de Rousseau prova apenas, afinal, é que é mais fácil falar do que fazer, caso contrário, ele não teria abandonado os seus cincos filhos num asilo[110], logo à nascença. Portanto, é importantíssimo estarmos cientes de que há maldade no mundo, maldade em estado quase puro. Mas repare: não estou a dizer que compete a cada um de nós acusar, julgar, vilipendiar[111] ou castigar estes peritos[112] em artes de malvadez[113]. Há melhores maneiras de endireitar o mundo. Estou só a dizer que devemos ter sempre em mente que a mais pérfida[114] maldade existe em quantidades muito significativas num considerável número de pessoas. E que devemos estar à espera disso. É como lidar com uma arma de fogo. Sempre que pegamos numa espingarda[115], devemos manuseá-la como se ela estivesse carregada. E depois de chegar à conclusão de que não está, há que verificar uma e outra vez. Além da cautela e constante vigilância, quando nos deparamos efetivamente com um agressor, seja ele quem for, devemos reagir com dignidade. Devemos enfrentá-lo, recusarmo-nos a aquiescer[116] e virar a mesa do jogo doentio[117] que ele nos propõe jogar. É este um dos direitos fundamentais e universais de qualquer ser humano. Virar mesas, de vez em quando.

Aqui, o ouvinte começava a ficar mais animado e compunha-se na cadeira. Ficava baralhado com tanta informação. Não conseguia perceber onde é que Guilherme queria chegar, mas isso estava de acordo com o que devia acontecer numa barraca de «bruxo», supunha[118] ele. Guilherme prosseguia:

– Mas porque é que esta reação não ocorre espontaneamente? Porque uma boa parte das pessoas boas é muito boa para os outros e má para si

---

[110] **Asilo:** estabelecimento onde as pessoas pobres e sozinhas dormem e comem.

[111] **Vilipendiar:** tratar alguém com desprezo, desrespeitando-o ou insultando-o.

[112] **Perito:** especialista; pessoa que tem muito conhecimento e prática num determinado assunto.

[113] **Malvadez:** maldade.

[114] **Pérfido:** que atraiçoa ou que é desleal.

[115] **Espingarda:**

[116] **Aquiescer:** fazer o que a outra pessoa quer e não aquilo que nós queremos.

[117] **Doentio:** (neste contexto) que é fruto de doença psíquica; mau; malévolo.

[118] **Supor:** achar, pensar.

própria. Não se respeita a si própria. Chega até a sentir desprezo em relação à sua própria pessoa. Sente vergonha do que é. Empola[119] todos os seus defeitos no espelho distorcido[120] das suas consciências. E, pior, vê nisso uma virtude. Confunde a auto-humilhação com humildade.

Adão e Eva, quando se viram a si próprios nus no Paraíso, depois de cederem à tentação da serpente e comerem o fruto proibido, tomaram consciência da sua fragilidade, vulnerabilidade e fraqueza. Deixaram um estado de inconsciência eufórica para perceberem que eram as criaturas mais débeis[121] e patéticas[122] de toda a criação[123]. Sem uma pele forte, sem pelos, sobre duas patas apenas e expostos a ataques de outras criaturas.

> [119] **Empolar:** exagerar; pensar que uma coisa é mais importante do que realmente ela é.
> [120] **Distorcido:** alterado, deformado.
> [121] **Débil:** frágil, fraco.
> [122] **Patético:** que é considerado ridículo.
> [123] **Criação:** (neste contexto) segundo a Bíblia, tudo o que Deus criou, quando fez o Mundo.
> [124] **Perímetro:**
> [125] **Indiciar:** ser um sinal de que qualquer coisa vai acontecer.
> [126] **Desaguar:** diz-se quando a água de um rio vai ter a outro rio ou vai ter ao mar.
> [127] **Fazer-se respeitar:** exigir respeito das outras pessoas.

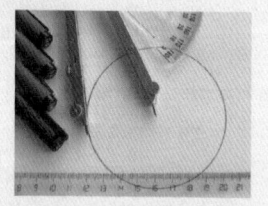

Esta é a segunda coisa que tem de se ter sempre em mente. A primeira é a de que há maldade no mundo; a segunda é a de que somos extremamente frágeis. Não só fisicamente, mas também moralmente. Temos, portanto, a obrigação de preservar a nossa dignidade moral. Experimente desenhar mentalmente um círculo à sua volta. Desenhe-o bem grande na sua mente, com um bom perímetro[124]. É o seu espaço. Natural, pessoal e social. Só entra quem o senhor quiser que entre. Que ninguém ponha lá o pé sem sua ordem! A partir daqui, tudo o que devia estar sob o seu controlo, passa efetivamente a estar sob o seu controlo; tudo o que indicia[125] confusão converte-se em estabilidade; tudo o que é fonte de desespero desagua[126] no mar da serenidade. E acredite que, ao traçar este círculo, o senhor está não só a fazer um favor a si próprio, mas ao mundo. Portanto, homem, vá para casa e faça-se respeitar[127]. É só isso.

Era raro Guilherme ser procurado por mulheres. Sendo ele homem e tendo estas consultas uma componente mais ou menos confessional, é possível que as mulheres não se sentissem tão à vontade. Mas às vezes acontecia ter senhoras também. Uma vez recebeu uma rapariga:

– Comecei a namorar um rapaz aos quinze anos, mais por brincadeira. A quinta dos pais dele faz fronteira com a nossa, de modo que os meus pais andavam todos contentes com o namoro, pois pensavam que se eu me casasse com

> [128] **Casamento arranjado:** casamento planeado pela família do noivo e da noiva, independentemente da vontade dos dois.
>
> [129] **À fina força:** forçosamente, obrigatoriamente.
>
> [130] **Aliviado:** feliz porque uma coisa má, afinal, não aconteceu.
>
> [131] **Estrear-se:** fazer uma coisa pela primeira vez.
>
> [132] **Encarar:** (neste contexto) maneira de compreender uma situação.
>
> [133] **Festa do Fumeiro:** festa célebre em Montalegre, na qual se vendem enchidos (morcelas, farinheiras, chouriças), se canta e se dança.
>
> [134] **Tísico:** muito magro.

ele as duas quintas ficavam uma só. Mais tarde é que eu percebi que o que se estava a passar era um casamento arranjado[128]. Quer os pais dele quer os meus querem agora à fina força[129] que eu me case com o rapaz. Mas quem decide se caso ou não caso sou eu! O mais certo é não casar. Tenho muita pena do rapaz. Bem… pensando bem, quem sabe se ele também não fica aliviado[130]? Ele traz uma cara tão angustiada… De qualquer maneria, eu quero sair daqui. Sou de Vilarelho. Quero ir trabalhar para Espanha ou para Braga ou para o Porto, sei lá. Que vida é esta que aqui se tem? Trabalhar para ser sempre pobre. Disso não tenho dúvidas. Mas tenho muita pena de dar um desgosto aos meus pais. Além disso, as tolas das minhas irmãs e primas estão a preparar-se para fazer a sua vida aqui. Nem uma quer sair. Ora, assim, o caso torna-se mais difícil para mim. Porque estas coisas às vezes é uma questão de ir alguém à frente e abrir caminho. Haver um ou dois que já se estrearam[131] numa coisa nova é bom, porque faz com que as pessoas encarem[132] a ação com mais naturalidade. Mas não. Nesta terra ninguém faz nada de produtivo. Ah, sim! Fazem a Festa do Fumeiro[133]. Grande coisa!

Enquanto a rapariga continuava a falar, Guilherme imaginava-se noivo de um casamento arranjado e a ideia, surpreendentemente, agradou-lhe. Com o seu aspeto físico – além de ser um pouco tísico[134], Guilherme tinha feições[135] toscas[136] –, não se atrevia a dirigir-se às raparigas nas festas da aldeia. Não tinha dúvida de que seria gozado. Mas não queria de modo nenhum ganhar fama de celibatário[137]. E, sinceramente, começava a cansar-se de andar sozinho. Quando a rapariga acabou de falar, Guilherme despertou dos seus pensamentos e ficou um pouco embaraçado. Para disfarçar[138], começou a discursar com aparente[139] confiança:

– Os objetos do mundo à nossa volta tanto podem ser utensílios[140] como obstáculos. Muitas vezes, olhamos só para os obstáculos que estão entre nós e o que desejamos e não vemos que os utensílios estão mesmo ali ao lado. Mas não podemos usá-los de qualquer maneira, ferindo os outros. É importante tentarmos sempre ser pessoas decentes e não magoar aqueles de quem gostamos muito, no teu caso, os teus pais. Porém, para seres uma pessoa boa para os outros, tens de ser uma pessoa boa para ti. Provavelmente, se te casares agora e fizeres o que os teus pais querem, não estás a fazer o que é melhor para ti e, portanto, automaticamente também não estás a fazer o que é melhor para os teus pais. Se te casares com esse tal rapaz, vais tornar-te, mais tarde ou mais cedo, uma pessoa neurótica[141] e ressentida. Vais culpar os teus pais por isso, porque eles te pressionaram a casar por causa de um punhado[142] de terra. Vais pensar que para eles a terra foi mais importante do que tu. E, atenção, que pode nem ser isso que eles realmente pensam. Provavelmente até nem é. Se calhar, estão a usar essa história das quintas como pretexto[143], porque simplesmente te querem ao pé[144] deles até ficarem velhinhos – o que, aliás, também não é um pensamento lá muito altruísta. Bom, de qualquer maneira, há uma grande probabilidade de te tornares uma pessoa muito infeliz. E acredita que a infelicidade existe mesmo. A felicidade não. A felicidade não existe.

---

[135] **Feições:** aspeto da cara.
[136] **Tosco:** malfeito, imperfeito.
[137] **Celibatário:** que não se casou, por opção.
[138] **Disfarçar:** esconder uma situação que não é favorável.
[139] **Aparente:** que parece real, mas que não é real; fingido.
[140] **Utensílio:** instrumento que serve para fabricar um produto.
[141] **Neurótico:** pessoa que sofre de neurose, de perturbação psicológica.
[142] **Punhado:** pequena quantidade (sentido original: que cabe numa mão fechada).
[143] **Pretexto:** razão que se apresenta para fazer ou não fazer uma coisa, mas que é uma razão falsa; desculpa.
[144] **Ao pé:** perto.

Ou se existir há de ser uma coisa muito aborrecida de se viver. Para a pessoa plenamente feliz qual a utilidade e o sentido para aquilo que faz? Nenhum. Ela já é feliz! Não queiras, pois, a felicidade. Mas não te entregues à infelicidade, que essa existe deveras[145] e está sempre à espreita[146]. A tua vida, tal como a vida de toda a gente decente, deve ser uma luta com sentido. É evidente, pois, que não deves retrair[147] esse teu desejo de arranjar um bom emprego numa cidade. Deves tomar a decisão de ir em frente, assumindo a responsabilidade por essa tua decisão. Mas tem cuidado, muito cuidado. Ouve

> [145] **Deveras:** verdadeiramente.
> [146] **Estar à espreita:** (neste contexto) uma pessoa que está à espreita está sempre a ver qual é a melhor oportunidade para atacar ou fazer uma coisa má.
> [147] **Retrair:** controlar, fazendo recuar ou impedindo que se desenvolva.
> [148] **Rejeitar:** não aceitar; recusar.
> [149] **Modernice:** (depreciativo) fazer uma coisa por modernice é fazer essa coisa só por ser moderno e não pelo seu valor real.
> [150] **Desafogado:** sem problemas de dinheiro.
> [151] **Suspiro:** expirar (tirar ar dos pulmões) devagar por se estar cansado, desapontado ou descontraído.
> [152] **Sonoro:** (neste contexto) ruidoso; que produz bastante som.

sempre todos os teus desejos, e não só este de ter uma vida profissional. Ouve bem todos os outros. Porque quase de certeza que vai haver um momento em que vais querer ser esposa e mãe. É natural. É humano, do que de mais simples e maravilhoso há no ser humano. Portanto, não rejeites[148] de futuro a ideia de casamento. Mas, claro, podes chegar mesmo à conclusão de que não queres vida de casada. Pronto. O que eu digo é que deves procurar ter a certeza de que não o fazes só para seres diferente das outras, só por modernice[149]. É que não penses que vais ser sempre nova. Tenta criar na tua mente a imagem de ti própria aos 40, 45 anos, a ir e a vir do emprego para casa. Faz esse filme na tua cabeça. Regressar ao fim do dia a uma casa vazia. Dia após dia. Agora imagina mais 10, mais 20 anos assim… «O que é que me aconteceu?», perguntarás nessa altura. É a pergunta que farás quando deres conta que somaste a infelicidade de estares sozinha no mundo ao arrependimento de teres deixado os teus pais sozinhos na aldeia. Afinal, fizeste-os sofrer para tu própria teres uma vida miserável, ainda que confortável e desafogada[150].

Guilherme ia continuar, mas a rapariga interrompeu-o, com um suspiro[151] sonoro[152]:

— Pois, sim, mas eu só vinha aqui saber se você, como vem de fora, conhece alguém que me possa dar emprego. Aqui, os jornais da terra só têm crónicas de cacaracá[153]. Nem anúncios de emprego têm!

Guilherme, evidentemente, nada lhe disse porque nada sabia sobre empregos. E também não lhe revelou[154] que não vinha de longe, que era dali perto.

Certa vez, entrou um velhote. Vinha preocupadíssimo por causa da ovelha Dolly[155] e queria saber o que é que ia acontecer ao seu rebanho se depois os políticos passassem a exigir só queijo de ovelhas clonadas e proibissem o leite de ovelha normal, como tinha acontecido com o vinho morangueiro[156] há alguns anos.

> [153] **De cacaracá:** de pouca importância.
> [154] **Revelar:** contar; dar uma informação.
> [155] **Ovelha Dolly:** o primeiro mamífero a ser clonado, em 1996.
> **Clonar:** reproduzir algo de forma a ter uma cópia igual ao original.
> [156] **Vinho morangueiro:** vinho com sabor a morango que, como tem pouco álcool, se estraga (azeda) muito rapidamente.
> [157] **Despachar (uma pessoa):** mandar uma pessoa embora.
> [158] **Dar sustento:** dar o dinheiro necessário para viver.
> [159] **Junta:** forma abreviada de Junta de Freguesia.
> **Junta de Freguesia:** grupo de pessoas que são eleitas para tomar decisões e administrar uma Freguesia.
> **Freguesia:** a mais pequena unidade de governação local.
> [160] **Refinaria:** onde se faz o açúcar mais claro para ser consumido pelo público.

— É que me pode dar cá um prejuízo que você não queira saber!

Guilherme, já com pouca paciência, lá lhe respondeu qualquer coisa para o despachar[157].

Foi esse o último ano em que foi dar consultas à feira de Vilar de Perdizes.

Escrever crónicas e dar consultas de autoajuda uma vez por ano não dava sustento[158] para uma vida. O pai de Guilherme decidiu então que o rapaz tinha de arranjar um emprego e ter um rendimento fixo, como toda a gente. Falou com o Presidente da Junta[159], que tinha família no Porto, e furando aqui, furando ali, conseguiu-se o emprego na refinaria[160] de Açúcar RAR.

Não era um trabalho muito pesado e o ordenado era razoável. Alugou, então, a casa da Rua do Loureiro. Antiga e pequena, é certo, mas bem localizada, e só por isso não muito barata. Guilherme pensou então que podia subalugar a estudantes o quarto que tinha livre.

Não teve sorte com o primeiro estudante a quem alugou o quarto. Levava para lá colegas que só sabiam fazer barulho e lixo. Os vizinhos queixavam-se, Guilherme não dormia. Depois desse estouvado[161] se ir embora, passado um ano, Guilherme passou a ser muito mais criterioso no momento de escolher o locatário[162] e impunha logo de início regras de comportamento muito claras. A partir daí, deixou de ter problemas.

> [161] **Estouvado:** pessoa que faz as coisas sem cuidado e não pensa nas possíveis consequências negativas dos seus atos.
>
> [162] **Locatário:** aquele que paga a alguém para estar a viver numa casa ou quarto.
>
> [163] **Alfarrabista:** pessoa que compra e vende livros usados e/ou antigos.
>
> [164] **Doméstica:** esposa e mãe que trabalha nas tarefas de casa apenas (cozinhar, lavar roupa, limpar a casa); dona de casa.
>
> [165] **Serão:** período à noite, depois de jantar, em casa.

Com o ordenado da refinaria e o dinheiro do aluguer do quarto, Guilherme passou a viver uma vida desafogada. Podia agora comprar livros próprios. Até começou a investir, fazendo-se sócio de um alfarrabista[163].

O tempo passou-se assim. Faz agora mais ou menos dois anos, Guilherme alugou o quarto a um rapaz estudante de Informática. Chamava-se Agostinho e era de uma aldeia perto de Cinfães. O pai trabalhava nas obras e a mãe era doméstica[164]. Com mais dois filhos menores, faziam um sacrifício enorme para ter aquele filho a estudar na cidade.

Ao contrário dos outros estudantes, que entravam e saíam de casa só a dizer «Bom dia, Boa tarde», Agostinho era um rapaz muito falador. Inteligente, também. Além disso, gostava de cozinhar, de modo que, às vezes, era ele quem fazia o jantar e os dois ficavam à conversa durante o serão[165]. Agostinho falava com Guilherme com à-vontade, como se este fosse um colega da sua idade. Sobre as maravilhas da tecnologia e robótica, sobre linguagem de programação, mas também sobre os colegas e professores da Universidade. Guilherme, por sua vez, dava-lhe bons conselhos, que exemplificava com situações que ia retirando dos livros que lia, sugerindo que tudo decorria da sua experiência de vida, o que deixava Agostinho muito impressionado. Depois de saber que Guilherme tinha dado consultas de autoajuda, Agostinho fez-lhe um canal no YouTube, orientou-o na compra de um computador e ensinou-o a gravar os seus próprios vídeos. Guilherme andava entusiasmadíssimo. Os primeiros vídeos saíram péssimos. Não tinham luz, Agostinho enganava-se nas palavras a todo o momento, o cenário era feio. Mas com a orientação de Agostinho e a perseverança de Guilherme, a coisa foi entrando nos eixos[166].

Corria tudo lindamente[167], até que um dia Agostinho desapareceu. Agostinho tinha ido passar o fim de semana à aldeia e não tinha voltado. Quando não o viu na segunda-feira, Guilherme pensou despreocupadamente que talvez o rapaz tivesse precisado de faltar às aulas por um qualquer motivo trivial. Mas na terça-feira, Agostinho também não apareceu. Guilherme ficou intrigado e decidiu ligar-lhe. Agostinho não atendeu. Na quarta-feira, não deu sinal de vida[168] e continuava sem atender o telefone. Agora Guilherme estava deveras preocupado. Chegou-se a quinta-feira e não havia notícias de Agostinho. Guilherme pensou em entrar em contacto com a família, mas tinha receio de os assustar caso Agostinho tivesse vindo para o Porto. De qualquer maneira, também não tinha o número. Guilherme sentia-se esquisito, sem saber o que pensar. O rapaz não era responsabilidade sua, mas não conseguia deixar de pensar no que poderia ter acontecido. Sim, porque alguma coisa tinha acontecido. Podia era ser alguma coisa sem importância. Ficar na aldeia por estar doente ou coisa assim. Chegou a sexta-feira e Guilherme estava a rebentar de aflição. Meteu-se-lhe na cabeça que alguma coisa de mal tinha realmente acontecido a Agostinho, algum acidente, algum crime (já pensava assim!) e que o iam culpar a ele, dado que os dois coabitavam[169] há quase um ano. Ainda por cima, Guilherme não passava recibo[170]. O aluguer era clandestino. De repente, caiu em si, refletiu sobre os seus pensamentos e teve vergonha. «Afinal, estou aflito por causa do Agostinho ou por causa de mim? Se não fiz nada, tenho medo de quê? Que me interessa o rapaz? Não tenho ligação nenhuma com ele! É como os anteriores inquilinos[171]. Se se evaporarem[172], só terei pena do dinheiro do quarto que perco!»

---

[166] **Entrar nos eixos:** desenvolver-se de modo controlado e equilibrado.
[167] **Lindamente:** muito bem.
[168] **Não dar sinal de vida:** manter-se em silêncio; não aparecer.
[169] **Coabitar:** partilhar a casa com outra pessoa.
[170] **Recibo:** documento em que se afirma ter recebido uma dada quantia de dinheiro.
[171] **Inquilino:** pessoa que mora em casa que não é sua, pagando uma renda.
[172] **Evaporar:** (neste contexto) desaparecer.

Mas nada disto era verdade. Era só a cabeça doida de Guilherme a andar num turbilhão[173] veloz[174], com ideias parvas, a irem e a virem, sempre as mesmas ideias, como num novelo[175] de corda. «Se calhar arranjou uma namorada e está todo repimpado[176] em casa dela. Já só vem cá buscar a mala. Mas em quatro dias não precisou da mala? Nem das suas coisas? Seria possível que Agostinho não me tivesse avisado caso não tivesse intenção de regressar ao Porto nesta semana? Não, alguma coisa deve ter acontecido. Alguma coisa de grave, sem dúvida.» Guilherme estava agora em pânico, de mãos na cabeça, desesperado, sem saber o que fazer.

De súbito, teve outro rasgo[177] de lucidez[178]: «Como é que é? Passo a vida a dar conselhos aos outros e agora não me sei comportar como deve ser? Vou ficar aqui o fim de semana fechado a pensar na morte da bezerra[179]? Ou na morte de Agostinho? Meu Deus!», pronunciou na sua mente a frase mais temível.

Aquilo não podia continuar. Decidiu finalmente passar à ação. Saiu de casa e foi à Faculdade de Engenharia. Chegou lá, dirigiu-se à Associação de Estudantes. Ninguém tinha visto Agostinho naquela semana. Perguntou se alguém sabia onde ele poderia estar. Ninguém sabia. Assumiam que ele não tinha vindo às aulas por estar doente ou qualquer coisa assim. Daqui, Guilherme foi à secretaria. Mentiu e disse que era um familiar afastado que precisava urgentemente do número de telefone fixo dos pais de Agostinho. Não lho queriam dar. Fez uma cena[180], esbracejou[181]. Mandou chamar o chefe dos serviços. Cansados de o ouvir, deram-lhe o número. Guilherme, ainda no átrio[182], ligou para a aldeia. Ninguém

---

[173] **Turbilhão:** movimento rotativo de vento violento.
[174] **Veloz:** muito rápido.
[175] **Novelo:**
[176] **Repimpado:** numa situação muito cómoda e agradável.
[177] **Rasgo:** manifestação repentina de alguma coisa; quando de repente pensamos ou sentimos alguma coisa que não pensávamos ou sentíamos antes.
[178] **Lucidez:** clareza de raciocínio.
[179] **Pensar na morte da bezerra:** pensar em assuntos vagos, sem chegar a conclusão nenhuma.
[180] **Fazer uma cena:** fazer escândalo; gritar.
[181] **Esbracejar:** agitar com os braços.
[182] **Átrio:** espaço amplo que serve de entrada a um edifício.

atendia. Guilherme estava surpreendido consigo próprio. Não sabia onde tinha ido buscar tanta coragem e determinação. Havia de encontrar Agostinho. Não tinha medo de parecer ridículo ou patético. Se Agostinho aparecesse agora ao virar da esquina e todos se rissem da sua aflição tanto melhor, não se importava. Não queria saber das possíveis insinuações[183] maldosas. Guilherme voltou a ligar. Atendeu a mãe. Guilherme fez-se passar por[184] um colega de Agostinho que precisava de se encontrar com ele para um trabalho de grupo. A resposta foi a que Guilherme não queria ouvir. Agostinho tinha ido para o Porto no domingo à tarde. Guilherme engoliu em seco. Não teve coragem de dizer mais nada à senhora. Respirou fundo. Restava-lhe ir à Polícia participar do[185] desaparecimento.

Foi o que fez. Na esquadra da Polícia, deu todas as informações necessárias. A frieza e a indiscrição[186] das perguntas do agente[187] da PSP deixaram Guilherme ainda mais desesperado. Se já alguma vez o rapaz tinha desaparecido; se havia sinais de ele se meter em drogas; se mantinha horários pessoais regulares; se tinha namorada; se costumava faltar às aulas; se fazia noitadas[188]; etc., etc. Mesmo ao lado da mesa onde o polícia lhe estava a fazer todas estas perguntas, estava uma mulher-polícia a ordenar uns papéis. Entrou e saiu do gabinete várias vezes, a sussurrar baixinho para si. Depois atendeu o telefone. A voz dela ao telefone sobrepunha-se à do agente que estava a fazer perguntas a Guilherme. Mal pousou o telefone, saiu a correr a chamar alguém. Todo aquele movimento exasperava[189] Guilherme ainda mais. A mulher voltou a entrar para continuar a mexer em papéis, não sem antes olhar para Guilherme de soslaio[190].

Quando Guilherme ia a sair do edifício, a agente, atrás dele, dirigiu-lhe a palavra:

– Não é muito comum serem os senhorios de residências de estudantes a vir participar do seu desaparecimento. Em geral, são amigos ou namoradas.

---

[183] **Insinuação:** ato de dizer uma coisa desagradável de uma maneira indireta.

[184] **Fazer-se passar por:** dizer ser uma coisa que não é.

[185] **Participar de:** fazer saber; informar.

[186] **Indiscrição:** ato de falar abertamente de assuntos que são privados.

[187] **Agente:** polícia; membro de uma força policial.

[188] **Fazer noitada:** passar a noite acordado.

[189] **Exasperar:** causar irritação; desesperar.

[190] **Olhar de soslaio:** olhar de lado, sem encarar a pessoa.

— Eu sei. — disse Guilherme com desprezo. Ela pareceu estar à espera de alguma justificação. Guilherme, porém, começou novamente a andar em frente, para se ir embora.

— Estes miúdos são cada vez mais desmiolados[191] e às vezes decidem pregar partidas[192]. De qualquer maneira, vamos já tomar os procedimentos protocolares[193] para tentarmos conhecer o mais rapidamente possível o paradeiro[194] do seu inquilino — e amigo. Vamos ter esperança de que ele está bem. — disse, por fim, a mulher.

A Guilherme apeteceu dizer «E a si que lhe interessa, sua cusca[195] disfarçada de burocrata fardada[196]?», mas calou-se.

[191] **Desmiolado:** que não tem juízo; que é louco.
[192] **Pregar partidas:** fazer uma brincadeira para assustar alguém.
[193] **Protocolar:** de acordo com o protocolo ou regulamento.
[194] **Paradeiro:** sítio onde alguém está.
[195] **Cusca** (registo familiar): pessoa que gosta de cuscar.
Cuscar (registo familiar): ter curiosidade e falar sorrateiramente sobre a vida privada das outras pessoas.
[196] **Fardado:** que usa farda.
Farda: uniforme militar ou de uma qualquer organização.
[197] **Piedade:** pena, dó.
[198] **Aparentar:** parecer.
[199] **Cilada:** emboscada; situação falsa que é criada para apanhar uma pessoa.

No sábado foi à esquadra saber. No domingo também. Na segunda-feira, foi direto do trabalho para a esquadra. Encontrou a mulher-polícia de sexta-feira. Não sabiam de nada. Voltou lá na terça-feira. Na quarta-feira, a agente já olhava para ele com piedade[197].

Finalmente, na quinta-feira à noite, alguém bateu à porta do apartamento de Guilherme. Era um rapaz alto e aparentando[198] ser mais velho do que Agostinho. Apresentou-se como sendo amigo do desaparecido e disse que o tinha lá em casa, escondido, desde quarta-feira, por causa de uns problemas graves em que Agostinho se tinha envolvido. Guilherme não hesitou. Ia a casa deste rapaz buscar Agostinho. Sem chamar mais ninguém. Sem saber se aquela história era verdadeira ou não. Podia ser uma cilada[199], algum esquema com más intenções. Guilherme sabia que isso às vezes acontecia. Mas não hesitou em ir, sem mais conversas, sem mais palavras. Já estava farto de palavras, comentários, conselhos, apelos à prudência — sobretudo dos seus próprios.

Meteu-se no carro do rapaz, rumo à casa deste. No caminho, Guilherme não se cansava de perguntar ao condutor que tipo de problemas eram esses, mas o rapaz fechou-se em copas[200], assegurando-lhe que o próprio Agostinho lho explicaria dentro de alguns minutos.

Guilherme foi encontrar Agostinho sentado num divã[201], encostado a um canto, sem lençóis, só com cobertor. Agostinho estava pálido e com olheiras[202]. Parecia que não tomava banho há vários dias. Estava descalço. Olhou para Guilherme, primeiro com agrado, mas logo depois com alguma indiferença.

> [200] **Fechar-se em copas:** manter silêncio; não dizer nada.
> [201] **Divã:** cama baixa e estreita, geralmente de ferro.
> [202] **Olheiras:**
> [203] **Escapulir-se:** fugir.
> [204] **Fazer-se a alguém:** tentar seduzir alguém.
> [205] **Engatatão** (registo familiar): aquele que gosta de andar no engate. **Engatar:** seduzir.
> [206] **Num ápice:** de repente.
> [207] **Fugir a sete pés:** fugir muito rapidamente.
> [208] **Ruela:** rua estreita.

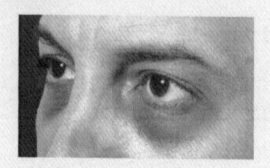

Agostinho tinha mandado chamar Guilherme como último recurso. O que aconteceu foi que o pai de Agostinho tinha perdido o emprego. Já tinha perdido o emprego havia algum tempo, mas ninguém tinha dito nada a Agostinho. A família estava a ponto de ter de passar pela humilhação de pedir dinheiro emprestado a familiares e amigos. No fim de semana em que foi a casa, Agostinho ficou a saber que tinha, portanto, de deixar de estudar. Então, no domingo, de cabeça quente, agarrou nas suas economias, cerca de 600 euros, regressou ao Porto e foi meter-se num café da Ribeira onde sabia que se jogava a dinheiro. Em dois dias, conseguiu arranjar uma dívida de 3 mil euros. Na noite da derrota final, conseguiu escapulir-se[203] do café. Levantou-se para ir ao quarto de banho e, no percurso, fingiu fazer-se a[204] uma moça que tinha acabado de entrar. Enquanto os jogadores da mesa se puseram a fazer comentários da triste figura de engatatão[205] que ele estava a fazer, Agostinho atraiu a moça para a porta, numa conversa estranha, fingindo que lhe ia mostrar qualquer coisa de importante ali fora e, num ápice[206], deitou a correr rua fora. Fugiu a sete pés[207] por uma ruela[208] transversal. Ouvia os outros a dizer palavrões[209] e a correr atrás dele. Agostinho escondeu-se finalmente atrás de um entulho[210] numa rua escura. Mudou ligeiramente de posição e tropeçou[211] numa lata velha, mas o barulho foi abafado[212] pelo guincho[213] de um gato que saiu dali a correr, todo arrepiado[214]. Os passos dos outros afastaram-se. Agostinho deixou-se estar ali durante uma ou duas horas. Estava um frio de rachar[215]. Sentia vozes das pessoas dos outros cafés e tascas[216], mas parecia que por ali perto já ninguém andava atrás dele. Respirou fundo. Levantou-se devagar e, de repente, correu quanto pôde. Só parou na casa do amigo onde agora está. Desde quarta-feira que não sai dali. A situação é insustentável. Não sabe o que fazer.

Guilherme não disse nada durante alguns segundos. Depois, surpreendentemente, soltou uma gargalhada. Agostinho ficou surpreso. Depois, ofendido.

– Todos os problemas fossem esses, criatura de Deus! Anda, veste-te e vamos para casa.

Guilherme ia pagar a dívida aos credores do jogo fatídico[217], as propinas do segundo semestre e abdicava do pagamento do aluguer do quarto. Agostinho aceitava tudo, na condição expressa[218] de todas aquelas contas serem saldadas[219] assim que ele conseguisse arranjar um *part-time*. Alegres e contentes, saíram dali direitos à esquadra da Polícia, para comunicarem que o caso de Agostinho estava encerrado. Guilherme podia ter telefonado. Mas quis ir em pessoa. Não estava lá a agente. Deu a informação a um polícia mal-encarado[220].

[209] **Palavrão:** palavra grosseira e ofensiva.

[210] **Entulho:** monte feito de pedaços de cimento, pedra e tijolo.

[211] **Tropeçar:** bater em alguma coisa com o pé e cair ou desequilibrar-se.

[212] **Abafar:** (neste contexto) tornar pouco audível.

[213] **Guincho:** ruído agudo; ação de guinchar.

[214] **Gato arrepiado:**

[215] **Um frio de rachar:** muito frio.

[216] **Tasca:** estabelecimento onde se vende vinho e refeições ligeiras.

[217] **Fatídico:** trágico.

[218] **Expresso:** (neste contexto) dito claramente, explicitamente.

[219] **Saldar (contas):** pagar o dinheiro que se deve a alguém.

[220] **Mal-encarado:** antipático.

No outro dia, depois do trabalho, Guilherme dirigiu-se à esquadra, novamente. Arranjou para si próprio a desculpa de que era importante ter a certeza de que o registo de Agostinho seria apagado dos arquivos da Polícia. Quem o atendeu foi, como ele realmente desejava, a tal mulher-polícia. Atrapalhou-se na conversa. De repente, as suas mãos e braços pareciam-lhe duas excrescências[221] a movimentarem-se sem controlo. A voz descomandou-se[222] também. Não sabia para onde olhar e de repente saiu-lhe, quase involuntariamente:

> [221] **Excrescência:** qualquer coisa que cresce para fora e que está a mais, que é inútil.
> [222] **Descomandar-se:** descontrolar-se rapidamente.
> [223] **Adágio:** frase que exprime um pensamento sobre a vida.
> [224] **Delirar:** (neste contexto) gostar muito.

— Quer jantar comigo hoje à noite num restaurante onde servem comida?

«Que convite tão estupidamente formulado, Guilherme! Tanta leitura, tanta literatura para nada! Não aprendeste nada, grande besta!» – pensou Guilherme, desesperado.

Ela riu-se. Alto. Todos a olhar. Mas aceitou.

Guilherme passou a ser outro homem. Muito mais dinâmico, ágil, audaz. Em suma: estava mais vivo. Entrou para o mundo real, onde os pensamentos se transformam em ações e as ações em reações – nem sempre previsíveis. Mas Guilherme tomou o gosto pelo imprevisível, pelo imponderável, pelo risco.

Ainda na refinaria, pôs em ação uma ideia que trazia há tempo em elaboração: propor à direção de marketing da empresa a inscrição nos pacotinhos de açúcar do café de frases breves com reflexões avulsas e conselhos vagos. A ideia foi posta em prática e foi um sucesso. Frases simples como «Se a vida te der laranjas, faz laranjada»; «A mentira salva o presente, mas arruína o futuro»; «Não deixes que te olhem de cima, mas não olhes para ninguém debaixo» eram os adágios[223] que durante meses se espalharam pelas mesas dos cafés de todo o país. As pessoas acharam graça, os jornais e televisões noticiaram, os colecionadores de pacotes de açúcar deliraram[224].

Este êxito fez com que Guilherme tomasse coragem para montar a sua própria empresa de marketing, especializada em aforismos. Frases feitas para postais e calendários, inscrições originais em *t-shirts* ou para qualquer outro produto. Até as quadras nos vasos de manjericos[225] do São João[226] passaram a ser todas produzidas na empresa de Guilherme.

Voltamos a ter Guilherme na varanda do seu quarto soalheiro da rua do Loureiro. Pensa agora numa boa frase para imprimir nos convites de casamento a enviar à família e amigos:

Com os nossos defeitos, somos perfeitos um para o outro...

O casamento é um edifício que tem de ser construído dia a dia...

O casamento é uma viagem muito especial: se sabes para onde vais, já estás perdido...

[225] **Vaso de manjerico com quadras:**

[226] **São João do Porto:** festa popular do Porto, em junho.

Exercícios

Compreensão

1. Ordene as frases, considerando a ordem pela qual as informações são referidas no conto. Escreva o número de ordem à frente de cada frase.

   Início da atividade de cronista. _____

   Desaparecimento de Agostinho. _____

   Proximidade com o ambiente religioso. _____

   Descrição da casa do Porto. _____

   Tentativa frustrada de ir estudar para a Universidade. _____

   Obtenção de emprego no Porto. _____

   Descrição da feira de Vilar de Perdizes. _____

   Convite para jantar dirigido à mulher-polícia. _____

   Descrição das condições naturais da terra onde cresceu. _____

2. Estabeleça a correspondência de cada item da coluna A com quatro itens da coluna B. Escreva as letras nos espaços. A ordem por que são indicadas as letras é indiferente.

NOTA: Há quatro itens a mais. Não vai precisar deles.

Coluna A	Coluna B
1. Guilherme _____ 2. Agostinho _____	Ⓐ foi uma vítima. Ⓑ era aventureiro. Ⓒ era espontaneamente comunicativo. Ⓓ era um teórico. Ⓔ tinha apetência para a tecnologia. Ⓕ não era bem-parecido. Ⓖ era teimoso. Ⓗ não queria ficar a dever dinheiro. Ⓘ fez asneira. Ⓙ era generoso. Ⓚ quis ser engraçado. Ⓛ sabia refletir sobre si próprio.

Vocabulário

3. Preencha o crucigrama.

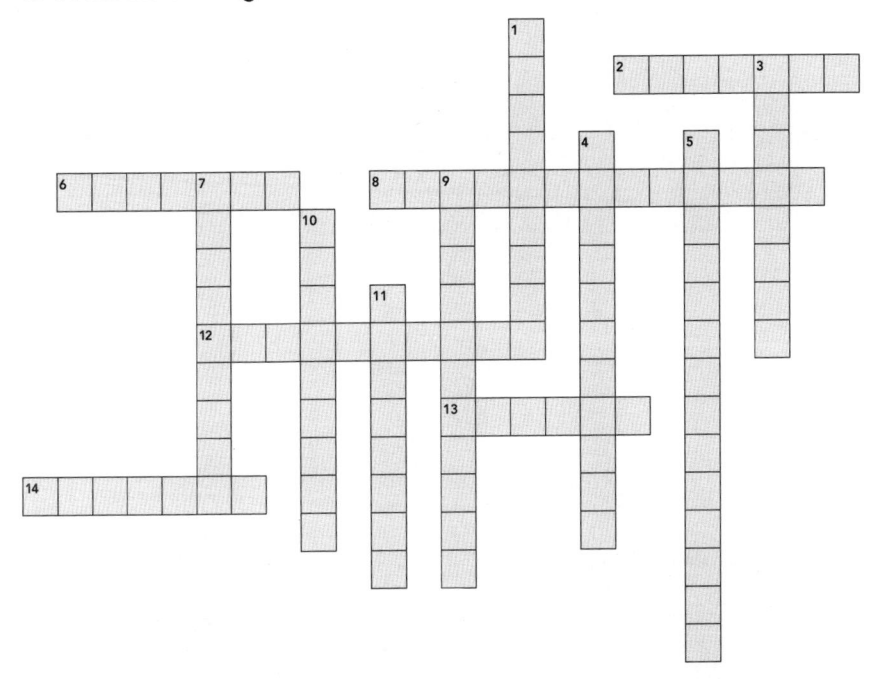

Horizontal

2. deixar, desistir
6. muito trabalho
8. curioso
12. envergonhado
13. armadilha, traição
14. triste

Vertical

1. maluco
3. desejo
4. dizer mal
5. perturbador
7. aceitar
9. vaidade
10. um *Don Juan*
11. fatal, trágico

4. Leia o texto abaixo. Preencha os espaços com algumas das expressões idiomáticas explicadas na margem do conto. As imagens ao lado dos espaços dão-lhe pistas sobre qual a expressão adequada a usar.

NOTA: Poderá ter de conjugar verbos.

Bruno: – Então, Paulo, ontem não eras para ir ver o jogo connosco?

Paulo: – Cala-te lá, pá. Quando fui para pôr o carro a trabalhar, não tinha bateria. E a tristeza é que ainda o ano passado meti uma nova.

Bruno: – Onde é que a compraste?

Paulo: – Naquela loja em frente à estação.

Bruno: – Compra uma na Internet.

Paulo: – Achas? Eu tenho algum receio de meter o meu cartão de crédito nesses *sites*.

Bruno: – Há sistemas de segurança informático que garantem que ninguém fica a saber o número do teu cartão de crédito. Tu és um antiquado, homem, e além disso, pensas de mais, (1) _____.

Paulo: – É, é, mas volta e meia há notícias de que os dados de milhares de pessoas são roubados. Por exemplo, ainda há pouco tempo com o Facebook... Já pensaste? As pessoas que fazem compras assim (2) _____ deixam um rasto de todas as suas ações na Internet. Aquilo que compraram, aquilo que consultaram, o último acesso, quanto tempo estiveram numa loja virtual, quantas vezes lá foram... É como estar a ser vigiado por um *Big Brother*. Não sou só eu a (3) _____ às compras virtuais, há muita gente que não alinha nisso. Além disso, nas lojas de rua, podemos regatear e ir lá devolver o produto e até (4) _____ se nos sentirmos enganados. Há uma relação entre as pessoas, para o bem e para o mal.

(continua)

(continuação)

Bruno: – Pois é. Mas não são as relações pessoais, em lojinha de bairro, que te põem uma bateria em condições no carro. E como é que tens ido para o emprego? De autocarro?

Paulo: – Tu não sabes que eu fui despedido? Já vai fazer quinze dias.

Bruno: – A sério?! Porquê?

Paulo: – A empresa reduziu pessoal e, como eu era dos mais novos, vim para a rua.

Bruno: – Eh, pá! Que mau!

Paulo: – Pois é. Estou aqui a discutir contigo se devo ou não comprar *online* e o mais certo é ficar sem dinheiro dentro de pouco tempo e então resta-me ficar em casa a (5) _____. (5)

Bruno: – Já andas à procura de novo emprego, então?

Paulo: – Claro, antes mesmo de ser despedido.

Bruno: – E então?

Paulo: – Nuns sítios dizem-me que não tenho as habilitações necessárias, noutros dizem-me que tenho habilitações a mais. É (6) _____! (6)

Bruno: – Procura emprego numa empresa de vendas *online*. Estão em expansão, digo-te eu.

Paulo: – Sim. Tenho de (7) _____ a tudo o que aparecer. Começo a ficar desesperado. (7)

Bruno: – Se precisares de algum dinheiro, conta comigo. Não tenho muito, mas tenho algum de reserva. Não tenhas problemas em pedir ajuda, ouviste?

Paulo: – Não. Deixa estar, obrigado. Como é que diz o ditado? «Se queres perder um amigo, empresta-lhe dinheiro!», ah ah!

5. Leia o texto. Preencha cada espaço em branco com uma das expressões do quadro.

NOTA: Há duas expressões a mais. Não vai precisar delas.
NOTA: Poderá ter de conjugar verbos.

| pregar partidas | entrar nos eixos | fazer noitadas | fechar-se em copas | de caracacá |
| à fina força | olhar de soslaio | fazer-se passar por | | |

26 de abril de 2018

Caro diário,
Já estou a ficar sem paciência! O Ricardo quer (1) _____ que eu saia com ele à noite. Que grande chato! Além disso, anda a sugerir a toda a gente que nós temos um caso e a Carla, que deve gostar muito dele (bom proveito!), já me anda a (2) _____. O que é que ela quer? Que culpa tenho eu que ele ande atrás de mim? Se calhar ela nem quer nada com ele. É só porque é uma grande intriguista. E como todos os intriguistas, tem uma sorte fantástica. Eu tive de (3) _____ para acabar o trabalho de História da Arte e ela fez um trabalhito (4) _____ e teve uma nota melhor do que eu. Ainda por cima, (5) _____ coitadinha. O que ela precisava era que lhe dessem uma boa lição e a fizessem (6) _____.

Gramática

6. Preencha os espaços das respostas com o verbo a negrito na voz passiva.

   a) Qual é o episódio bíblico em um irmão **mata** o outro?
      O episódio em que Abel _____ por Caim.

   b) Foi Guilherme que se **despediu** da refinaria. Despedir-se do emprego não é uma coisa que muita gente possa fazer, pois não?
      Não. Em geral, o que acontece é que as pessoas _____.

c) Houve alguma **transformação** no Congresso de Medicina Popular?
   Houve uma transformação total. O Congresso _____ numa feira de bruxaria.

d) Quando começou a **escrever** as suas crónicas, Guilherme revelou logo o seu talento de conselheiro.
   De facto. As crónicas _____ com um objetivo moralizante.

e) Guilherme tinha dificuldade em **alugar** o quarto vago?
   Não. Quando um inquilino se ia embora, o quarto _____ por outro logo no mês seguinte.

f) Agostinho sofreu alguma **ameaça** por parte dos outros jogadores?
   O conto não diz, mas parece que Agostinho _____ de morte.

g) Alguém **pagou** a dívida de Agostinho?
   Sim, a dívida _____ por Guilherme.

h) Guilherme já **enviou** os convites de casamento?
   Não. Nenhum convite _____, porque ele ainda anda a pensar na frase que há de mandar escrever no convite. Tem de ser a frase perfeita!

Ironia vence preguiça

Há pessoas que são autênticas caricaturas. Concentram em si uma característica em solução tão saturada[1], que nada mais parece poder defini-las.

Tomás era uma dessas pessoas. O único traço com que se podia desenhar o seu caráter era a preguiça. Tomás era um preguiçoso nato[2]. Não manifestava remorsos, nem frustração, nem aborrecimento pelo facto de nada fazer. Tomás não era sequer do tipo de fazer as coisas pela rama[3]. Não. Tomás não fazia mesmo nada, absolutamente coisa nenhuma. Não mexia uma palha[4]. Nem sequer se dava ao trabalho de fingir que fazia. Tinha alergia aguda a qualquer tipo de esforço físico. Provavelmente mental, também. Passava o dia num torpor[5], no sofá ou na cama. Falava pouco ou nada. Se pensava alguma coisa de substancial, ninguém o saberia dizer.

Tomás era, pois, a personificação da preguiça. Era uma figura como a da ilustração que aparecia sempre nos livros da escola primária de antigamente: uma mulher, morta de sede, deitada na margem de um ribeiro, com os braços estendidos, que, indolentes[6], não alcançam a água. Uma preguiça assim é a antecâmara[7] da autodestruição. Uma verdadeira ameaça à sobrevivência.

É esta a preguiça de Bartleby, no conto de Melville. Bartleby é contratado por um advogado para lhe servir de escriturário. Até certa altura, Bartleby faz tudo diligentemente[8]. Certo dia, porém, depois de o advogado lhe atribuir uma tarefa simples, o escriturário responde muito simplesmente «Preferia não

---

[1] **Solução saturada:** uma solução química que está saturada tem o máximo de um elemento que pode ter.

[2] **Nato:** de nascença; que nasceu com a pessoa.

[3] **Fazer alguma coisa pela rama:** fazer um trabalho incompleto, imperfeito.

[4] **Não mexer uma palha:** não fazer absolutamente nada.

[5] **Torpor:** sem ação.

[6] **Indolente:** que mostra preguiça.

[7] **Antecâmara:** (neste contexto) situação que vem antes de outra.

[8] **Diligentemente:** de modo diligente.
Diligente: ativo, cuidadoso, aplicado.

o fazer». Progressivamente, vai ser essa a sua resposta às solicitações do advogado, até que deixa de trabalhar completamente. Bartleby é um homem calmo e cortês[9]. O advogado procura chamá-lo à razão. Em vão[10]. Perplexo, tenta a todo o custo perceber o que se passa com o seu empregado. Inutilmente. Mais tarde, Bartleby vai parar à prisão. O advogado vai visitá-lo e, ao vê-lo tão magro, suborna o guarda prisional para este lhe dar mais comida. Na visita seguinte, o advogado vai encontrar Bartleby já morto. Tinha-se recusado a comer. «Preferiu não o fazer.».

É também esta preguiça que é descrita no conto popular «O defunto vivo». Um homem tinha um afilhado de quem gostava muito, mas o rapaz passava o dia no sofá a palitar os dentes[11]. O padrinho jurou então que o ia educar como deve ser:

– Arranjei-te um emprego. Vais trabalhar nas obras.

O rapaz respondeu:

– O senhor quer o meu mal? E se ao ligar a betoneira[12] fico eletrocutado[13]? E se um tijolo me escorrega da mão e me esmaga o pé? E se subo ao andaime[14], tenho tonturas[15], desequilibro-me e estatelo-me[16] cá baixo? Que desgraça não seria! Não, não...

---

[9] **Cortês:** bem-educado, delicado, amável.

[10] **Em vão:** sem se conseguir o que se quer; sem consequências.

[11] **Palitar os dentes:** tirar restos de comida dos dentes com um palito.
Palito:

[12] **Betoneira:**

[13] **Eletrocutado:** que sofreu eletrocussão; que morreu por ter sofrido uma violenta descarga elétrica.

[14] **Andaime:**

[15] **Ter tonturas:** ter vertigens; quando o chão parece que sai dos pés e ficamos sem nos conseguirmos equilibrar.

[16] **Estatelar-se:** ficar estendido no chão após uma queda.

O padrinho não desistia e dava-lhe várias tarefas:

— Vai regar o milheiral[17], rapaz! — ao que este respondia:

— Então o senhor não sabe que mais dia menos dia há de vir chuva para regar o milheiral, o nabal[18] e o aboboral[19] e ainda poupa a água do poço?

O padrinho desesperava:

— Nunca hás de ir a lado nenhum com essa atitude!

— Pois não, espero que me venham buscar! – respondia o rapaz, com desfaçatez[20].

O padrinho voltava à carga[21]:

— Passas a vida deitado. Pareces um morto-vivo. Olha, mais vale enterrar-te!

E o rapaz:

— Olha que boa ideia! Assim, ninguém me chateia. Ninguém se lembra de pedir a um defunto[22] para trabalhar.

O padrinho encheu-se de fúria e foi falar com o padre para se organizar um funeral, em que desfilava, perante toda a aldeia, o afilhado vivo num caixão aberto. A chacota[23] pública era o último trunfo[24] do padrinho.

Durante o cortejo fúnebre, porém, o padrinho compadeceu-se[25] do rapaz. Abeirou-se[26] do caixão e disse ao afilhado:

— Vá, anda lá. Levanta-te daí. Se acabares com esta palhaçada, dou-te uma quinta de cinco hectares, com muitas oliveiras e vinha e ainda um bom lameiro[27].

— E essa quinta é para eu cultivar?

— É, meu filho.

— Então, siga o enterro!

Ninguém se admire, pois, que a história de vida de Tomás acabe em morte. Não numa morte qualquer, porque o fim de uma vida de absoluta inutilidade é a mais confrangedora[28] das mortes.

---

[17] **Milheiral:** terreno plantado com milho.

[18] **Nabal:** terreno plantado com nabos.

[19] **Aboboral:** terreno plantado com abóboras.

[20] **Desfaçatez:** falta de vergonha.

[21] **Voltar à carga** (registo familiar): insistir.

[22] **Defunto:** pessoa morta.

[23] **Chacota:** troça; escárnio; rir-se de uma pessoa que ninguém respeita.

[24] **Trunfo:** num jogo, a carta que vale mais; alguma coisa que corresponde a um benefício; (neste contexto) estratégia poderosa.

[25] **Compadecer-se:** ter pena.

[26] **Abeirar-se:** chegar perto.

[27] **Lameiro:** terreno húmido.

[28] **Confrangedor:** que aflige; que causa dor.

Apesar de adulto, Tomás vivia com os pais. Estes saíam de manhã para o trabalho e deixavam-lhe o pequeno-almoço, o almoço e o lanche na mesa em frente ao sofá. Tomás só tinha de esticar um braço e abrir a boca. A indolência de Tomás era de tal ordem que lhe neutralizava os gestos mais banais do dia a dia: apanhar ou acender uma luz (pedia sempre à mãe para

> [29] **Mandrião:** preguiçoso.
> [30] **É o deixas!** (qualquer verbo na 2.ª pessoa singular no presente do indicativo): não deixa; frase exclamativa que, no registo familiar, nega a ação expressa pelo verbo.
> [31] **Ditote:** alguma coisa que se diz com a intenção de fazer rir.
> [32] **Jazer:** estar morto e estendido.
> [33] **Lengalenga:** pequeno texto popular com frases curtas e rima repetida que é de fácil memorização.

lha vir desligar à noite, antes de dormir), pôr um rolo de papel higiénico no suporte (deixava-o sempre no chão, em frente à sanita), levantar-se de noite para pôr mais um cobertor na cama (preferia passar frio e dormir mal). Estava fora de questão atender o telefone. Dormia horas a fio, toda a noite e a qualquer hora do dia.

Na vila, toda a gente criticava Tomás, mas sobretudo os pais. Como era possível não terem educado a tempo o rapaz? Porque não se recusavam de uma vez por todas a trabalhar para ele? Se não tivesse o que comer, será que o mandrião[29] se ia deixar morrer? Claro que não! Se não tivesse um teto para se abrigar, será que se deixava andar à chuva e ao frio? É o deixas[30]! «A ausência de necessidade é a mãe de toda a preguiça!» Era o que todos diziam – ou se não diziam, pensavam. Mas como é possível para um pai e uma mãe porem um filho fora de casa? Onde é que se encontra coragem para deixar de alimentar um filho? De modo que estes pais sofriam duplamente. Por um lado, amargurava-os terem um filho inútil, sem préstimo para nada. Por outro lado, sofriam por serem censurados e menosprezados pela comunidade. Mais do que a crítica, custava-lhes a chacota. Nos cafés, aqui e ali, já começavam a circular ditotes[31]: «O que eu quero é paz, como o Tomás!», «Faz como o Tomás, que não faz!», «Onde vais? Vou aonde jaz[32] Tomás!». As crianças no pátio da escola inventavam lengalengas[33]: «O Tomás / Zás-trás-pás / fica na sorna / bebendo água morna. / A mãe chama / o pai reclama / Tomás de pijama / Fica na cama.».

Esta era uma situação muito injusta para os pais, que já tinham feito de tudo para alterar o comportamento do filho – ou, mais corretamente, a ausência total de comportamento. Eram pessoas muito religiosas e sabiam que a preguiça era um dos sete pecados capitais. Viam no trabalho e no esforço as fontes principais da virtude. A suas vidas eram exemplos disso mesmo. Durante anos e anos tinham recorrido a todo o tipo de estratégias para mudar o caráter de Tomás: a promessa, a admoestação[34], o estímulo positivo, o estímulo negativo, a ameaça, a chantagem[35]. Nada resultou. O rapaz tinha sempre resposta para tudo.

— Olha, Tomás. Fulano[36] acordou cedinho e no caminho para o trabalho encontrou uma carteira cheiinha dinheiro. Vês? É o que acontece a quem trabalha e acorda cedo!

A resposta de Tomás, pronunciada entre dentes, foi só:

— Mais cedo lá passou quem a perdeu.

Nas poucas vezes que Tomás reagiu à instigação[37] dos pais foi para resumir em breve palavras aquilo que parecia ser uma filosofia:

— O que importa é ter qualidade de vida, apreciar o valor do tempo e sentir o fluir[38] temporal, sem distrações. Cada hora, minuto, segundo, fração de segundo. A sociedade põe muita pressão no indivíduo. Há cada vez mais trabalhadores a sofrerem de exaustão[39]. Os patrões exigem tarefas inexequíveis[40] e prazos muito apertados. Põem um trabalhador a fazer as tarefas de três ou quatro. O que lhes importa é só o lucro. Encher os bolsos. Pois a mim não me apanham. Ó-ô.

Ninguém sabe aonde é que Tomás tinha ido buscar estas ideias. Possuía um único livro, pousado eternamente na sua mesa de cabeceira. Era *O Direito à Preguiça*, de Paul Lafargue, que ele nunca se tinha dado ao trabalho de ler, naturalmente.

Um dia, os pais até se lembraram de simular[41] um incêndio na casa. Fizeram fogo controlado na cozinha de modo que se gerasse algum fumo. Era mesmo a última estratégia, para ver se Tomás levantava o rabo do sofá e corria para ajudar a apagar o fogo. A mãe gritou alto e repetidamente:

---

[34] **Admoestação:** ação de ralhar, repreender.

[35] **Chantagem:** ato de fazer com que uma pessoa faça alguma coisa, ameaçando-a com a divulgação de informação negativa e embaraçosa sobre ela.

[36] **Fulano:** pessoa indeterminada, cujo nome não interessa dizer.

[37] **Instigação:** incitamento; ação de levar alguém a fazer algo.

[38] **Fluir:** correr, deslizar, escorrer.

[39] **Exaustão:** esgotamento, cansaço.

[40] **Inexequível:** que é impossível de executar.

[41] **Simular:** fingir.

– Fogo! Fogo! Acudam!

A casa foi invadida por vizinhos com baldes. Passados poucos minutos chegaram os bombeiros. Tomás deixou-se estar. Impávido e sereno[42].

Depois deste episódio, os pais concluíram que o filho não era normal. Aquela teimosia em não se mexer para nada era doentia. Como é que era possível alguém se deixar estar quieto numa situação de risco e tensão? Tal atitude exigia, sem dúvida, um autocontrolo muito grande. Chamaram vários psicólogos. Tomás não se dignava a[43] ir aos consultórios deles. Cada um ditava sua sentença[44]:

> [42] **Impávido e sereno:** calmo; sem reagir.
>
> [43] **Dignar-se a:** fazer o favor de ou ter a bondade de fazer alguma coisa.
>
> [44] **Ditar sentenças** (sentido literal): o juiz dita a sentença quando diz em voz alta a sua decisão para o escriturário escrever; dar um parecer pondo-se numa posição de autoridade.
>
> [45] **Psicótico** (sentido genérico): relativo a doença mental.
>
> [46] **Estirpe:** categoria ou subtipo.
>
> [47] **Anímico:** da alma.
>
> [48] **Apatia:** falta de reação.
>
> [49] **Mórbido:** relativo a doença; patológico.
>
> [50] **Estroinice:** qualidade daquele que é estroina.
> **Estroina:** pessoa que gosta de andar sempre em festas e divertimentos.
>
> [51] **Ser uma peste:** seu mau.
>
> [52] **Doidivanas:** pessoa estouvada.

– Tomás não é preguiçoso. O que se passa é que ele ainda não descobriu o que quer realmente fazer.

– Não, o rapaz não é preguiçoso. O que ele tem é medo de falhar.

– Tomás, na verdade, é preguiçoso, mas isso não é culpa dele. É um problema genético.

– Temos aqui um caso raro de preguiça psicótica[45], que reúne as três estirpes[46]: a fraqueza de espírito, a exaustão anímica[47] e a apatia[48] mórbida[49].

Depois de ouvirem todos os pareceres e opiniões técnicas, os pais continuaram sem saber o que fazer. O filho, doente ou não, normal ou não, continuava simplesmente a não reagir.

Estes pais invejavam os outros pais, que se queixavam da estroinice[50] dos seus filhos, ou por eles chegarem tarde a casa, ou por estarem sempre a mudar de namorada ou por se meterem em brigas e intrigas. Os pais de Tomás prefeririam infinitamente que o filho fosse uma peste[51], um malcomportado, um doidivanas[52]. Isso seria um bom princípio. Soltar-se no mundo, relacionar-se com as pessoas, errar, apanhar corretivos, aprender, evoluir. Ficaria com mais condições para estabelecer um plano de vida, uma estratégia de empreendimento a longo prazo, com resultados previamente delineados. Mas para Tomás este tipo de discurso era cantiga de embalar[53] meninos. Só lhe dava sono.

Um dia, a casa foi assaltada, em pleno dia. Tomás estava sozinho, como de costume. Os pais tinham saído para os seus empregos. Os ladrões, encapuzados[54], entraram de rompante[55], armados. Não esperavam encontrar alguém em casa. Andavam a abrir e a fechar gavetas e armários dos quartos, à procura de joias ou dinheiro. Quando deram com Tomás muito descontraído, sentado no sofá da sala, assustaram-se. Tomás, como era seu hábito, deixou-se estar quieto, como se nada daquilo fosse com ele.

> [53] **Embalar:** balançar (mover para cá e para lá) um bebé no colo ou berço para ele adormecer.
>
> [54] **Encapuzado:**
>
> [55] **De rompante:** com força e de repente.
>
> [56] **Mono:** objeto doméstico grande e pesado que é difícil transportar; (neste contexto) indivíduo pouco ativo.
>
> [57] **Conferenciar:** conversar para chegar a uma conclusão.
>
> [58] **Bofetada:**

– Que é isto?! – gritou um ladrão. – Mãos ao ar!

Tomás demorou a acatar a ordem.

– És atrasado mental ou quê? Mãos ao ar, já!

Os outros, quando ouviram aquilo, largaram tudo e vieram a correr à sala:

– O que é que este mono[56] aqui está a fazer? Estiveste aqui o tempo todo? Já ligaste para a Polícia, não foi?

– Não liguei. O telefone está no *hall* de entrada, como podem verificar. – E dizia isto muito descontraidamente, ajeitando a almofada nas costas.

Os assaltantes ficaram mudos por uns segundos. Ficou um com a arma apontada e os outros recolheram à cozinha para conferenciar[57]:

– O que fazemos com este tipo?

– Damos-lhe duas bofetadas[58] para ver se acorda e atamos-lhe as mãos atrás das costas.

– Deixamo-lo cá?

– Ele não tem meios para nos denunciar. Não nos vê a cara.

– Não sei… O tipo é esquisito como o raio!⁵⁹ Vais ver que é algum génio⁶⁰, desses que às vezes se veem nas reportagens de televisão. Imagina que o tipo reconhece as pessoas pela voz ou pela forma de caminhar. Sem querer, já lhe demos muitas pistas: tipo de roupa, estatura, estratégias de assalto. Não, não. O melhor é levarmo-lo.

Levaram-no. Sem a certeza, porém, de que seria a melhor opção.

Foi assim que Tomás passou a integrar uma quadrilha⁶¹. Os ladrões eram todos da mesma família. Uma grande família. Viviam num descampado, afastado da vila, onde verdejava uma magnífica floresta de sobreiros⁶², numa casa que tinha pertencido a um guarda florestal. Durante o inverno, viviam ali todos enlatados⁶³. Na primavera e verão, a maioria dormia ao relento⁶⁴ ou nuns anexos, mais do estilo de barraco⁶⁵, que entretanto montaram com chapas⁶⁶ e tijolos roubados. Dada a falta de espaço, a chegada de Tomás provocou logo indignação e má vontade. Assim que descobriram que Tomás não fazia nada, bateram-lhe. Mas pouco, porque os incomodava muito o facto de Tomás não se defender deles, de não ter qualquer tipo de reação.

– Isto é como dar porrada⁶⁷ num saco de batatas e esperar que ele dance.

A família de ladrões era muito ciosa⁶⁸ do seu trabalho e roubava com método. Planeava os assaltos meticulosamente⁶⁹, estando até altas horas a

⁵⁹ **Como o raio!** (registo familiar): expressão que em frase exclamativa serve para intensificar a qualidade da pessoa ou situação.

⁶⁰ **Génio:** pessoa com qualidades extraordinárias.

⁶¹ **Quadrilha:** grupo de ladrões.

⁶² **Sobreiro:**

⁶³ **Enlatado:** metido numa lata; diz-se quando há muitas pessoas metidas num espaço pequeno.

⁶⁴ **Ao relento:** ao ar livre.

⁶⁵ **Barraco:** pequena habitação pobre, tosca e improvisada.

⁶⁶ **Chapa:** placa de metal.

⁶⁷ **Dar porrada** (registo familiar): bater.

⁶⁸ **Cioso:** cuidadoso; gostar de fazer as coisas bem feitas.

⁶⁹ **Meticulosamente:** de modo meticuloso.
Meticuloso: cuidadoso, cauteloso.

discutir todos os pormenores de atuação, com uma antecedência de meses. Conhecia todas as ruas, casas e lojas da vila e cidades dos arredores. Tinha uma carrinha de nove lugares e outra de caixa aberta, para transportar os bens roubados. A carrinha estava equipada com complexos sistemas de comunicação com o exterior. Tudo como nos filmes. Em geral, trabalhava por conta própria, mas também podia ter encomendas, isto é, roubar para outros – ladrões ou não. Uma vez, foi contratada por um presidente de Junta de Freguesia para recuperar um computador roubado que tinha informação comprometedora. A operação foi um sucesso e o presidente pagou uma fortuna. Os membros mais novos da família, uns rapagões alimentados a tostas mistas[70] e hambúrgueres, como eram ainda estouvados e anárquicos nos modos de atuação, eram enviados para outro tipo de atividade, também muito lucrativa, semelhante à do capanga[71]. Perseguiam e intimidavam[72] devedores[73] de grandes quantias de dinheiro, a mando dos seus credores[74].

Era, pois, uma família muito dinâmica, de modo que a passividade de Tomás os irritava sobremaneira[75]. Tentaram dar-lhe uma utilidade e puseram-no a vigiar os hábitos dos moradores de um dado bairro, para apurarem que casa poderiam assaltar com mais segurança – para eles e para os demais moradores, pois eram ladrões conscienciosos[76]. Mas Tomás, depois de uma hora ou duas de estar sentado num folhedo[77] ou de trás de um contentor do lixo, adormecia e não era capaz de reportar[78] nada do que se tinha passado – e também não se dava ao trabalho de mentir. Passou então a ficar em casa, o dia todo. Havia duas crianças na família, duas meninas de seis e nove anos, que a princípio se entretinham muito com ele: a subir-lhe para as costas, a jogarem ao sério[79] (Tomás ganhava sempre) e a maquilharem-no com

---

[70] **Tosta mista:** pão aquecido com queijo e fiambre dentro.
[71] **Capanga:** homem contratado como guarda-costas, geralmente armado.
[72] **Intimidar:** fazer com que a outra pessoa tenha medo.
[73] **Devedor:** aquele que deve dinheiro.
[74] **Credor:** aquele a quem se deve dinheiro.
[75] **Sobremaneira:** muito.
[76] **Consciencioso:** que faz as coisas com consciência e responsabilidade.
[77] **Folhedo:** monte de folhas.
[78] **Reportar:** informar.
[79] **Jogar ao sério:** duas pessoas ficam muito sérias a olhar uma para a outra e quem se rir primeiro perde.

os cremes e batons da mãe. Mas isto durou pouco tempo. Rapidamente se desinteressaram, depois de verem que ele não fazia nada, e foram brincar com as suas bonecas.

Como a casa era pequena, às vezes um ou outro elemento do grupo tropeçava nele e então lembravam-se de que tinham ali um problema, mais propriamente, um dilema: se o largassem, ele podia denunciá-los; se o mantivessem com eles, só tinham despesa e o risco de serem denunciados mantinha-se, porque afinal ele ficava muito tempo em casa, só vigiado pelas crianças.

> [80] **Gatunagem:** vida de gatuno.
> **Gatuno:** ladrão.
> [81] **Esfalfar-se:** cansar-se muito.
> [82] **Traste:** móvel de casa; (neste contexto) pessoa de mau caráter.
> [83] **Imprestável:** que não presta; que não tem qualquer utilidade.

Andaram indecisos bastante tempo, a adiar o problema. A gatunagem[80] do dia a dia não lhes dava disponibilidade mental para pensarem numa solução definitiva.

Tomás, vendo aquela gente sempre tão agitada e sobressaltada, pediu um dia permissão para falar – o que desde logo causou em todos um grande espanto, porque Tomás só falava quando lhe perguntavam alguma coisa. Tomás começou:

– Para quê tudo isto? Andarem a correr de um lado para o outro, a esfalfarem-se[81], a passarem noites mal dormidas, a correrem o risco de irem presos… isto faz algum sentido? Como não têm emprego há muito tempo e são uma família numerosa, vocês têm direito a subsídios do Estado. Sei isso, porque os meus pais andavam a ver se me arranjavam um para mim, antes de vocês me raptarem.

Esta foi a gota de água. O ladrão mais velho respondeu:

– Ó seu mono! Ó seu traste[82]! Imprestável[83] dum raio! Nós somos ladrões, mas temos a nossa dignidade! Enquanto pudermos trabalhar, trabalhamos! Não andamos a viver às custas de ninguém!

Zangados, decidiram então abandoná-lo no cimo de um monte, a muitos quilómetros de distância. Deixaram-no lá com uma trouxinha, um lampião[84] e uma marmita[85]. Era verão, não ia morrer de frio à noite e lobos já havia poucos ou nenhuns. Vieram-se embora, não sem alguns remorsos[86].

Como acontece com todos os preguiçosos, não tardou muito que a sorte não corresse em auxílio de Tomás. Ao terceiro dia, já Tomás tinha comido calmamente toda a comida da marmita, passa por ali um velho muito velho. Vinha acompanhado de três cabras que andava a apascentar[87]. Ficaram os dois a olhar muito tempo um para o outro. O velho, porque, com a sua muita idade, já não via bem; Tomás, pelo torpor que já lhe conhecemos.

Tomás viveu com o velho uns bons seis meses. O velho vivia sozinho há já muitos anos, num lugarejo[88] de mais três ou quatro casas abandonadas. Cozinhava, tratava da roupa, remendava o telhado, mungia[89] as cabras, cultivava uma horta, rachava lenha para o inverno, dava de comer às galinhas e apanhava os ovos. À noite, partilhava o que tinha de jantar com Tomás. Comiam os dois em silêncio. Às vezes, durante o inverno, constipava-se e ficava com febre alta. Então, a tremer, saía do quarto, com uma manta às costas, ia ao armário buscar a aguardente[90], juntava-lhe leite a ferver, bebia aquela mistela[91] e voltava para a cama. Tomás nunca lhe perguntava se queria alguma coisa nessas alturas. Escusado será dizer que em todos os outros momentos Tomás se limitava a contemplar os movimentos do velho.

[84] **Lampião:**

[85] **Marmita:**

[86] **Remorso:** sentimento de arrependimento por se ter feito alguma coisa de mal.
[87] **Apascentar:** levar os animais a comer erva ao ar livre e guardá-los.
[88] **Lugarejo:** lugar pequeno; aldeia pequena.
[89] **Mungir:** tirar leite.
[90] **Aguardente:** bebida muito alcoólica.
[91] **Mistela:** mistura de comidas ou bebidas muito desagradável.

Tomás estranhou, porém, que o velho nunca lhe tivesse pedido para fazer nenhuma tarefa, por mais pequena que fosse, como era costume acontecer com todas as outras pessoas. Além disso, dava-lhe de comer sem lamentar a despesa que tinha com ele, sem esperar qualquer retorno[92]. Então, um dia, Tomás reuniu forças e perguntou-lhe:

– Porque é que me trouxeste para tua casa e me dás de comer, se eu não sirvo para nada?

O velho respondeu-lhe:

– Serves, meu filho. Toda a gente serve para qualquer coisa. Se pensares bem, tu também serves para uma coisa. Serves para uma única e só coisa.

– Que coisa é essa, avozinho? – disse Tomás, já um pouco enternecido[93].

– Serves para fazer estrume[94].

Esta resposta ofendeu deveras[95] Tomás. Pôs-se vermelho como um pimento[96]. Depois explodiu:

– Eu sou um ser humano, não sou um animal! Tenho direito à dignidade humana, porque sou… um homem e tenho direito a ser tratado como um homem. Não podes fazer de mim um bicho. Tenho direitos. O facto de seres velho não te dá o direito de me insultares, nem de me ofenderes. Se és velho, ainda mais obrigação tens de compreender, porque dizem que os velhos são sábios. Portanto, a tua experiência de vida já te devia ter ensinado que todas as pessoas, independentemente da sua raça, sexo, traços de caráter ou opções de vida – no meu caso, ser contemplativo[97] por natureza –, têm direito a ser respeitadas. A pessoa não é um objeto do qual se pode tirar lucro ou benefícios. Querias que eu trabalhasse para ti só porque sou mais novo do que tu e tenho mais força. Mas que obrigação tenho eu de fazer isso?

---

[92] **Retorno:** o que se dá em troca de se ter recebido algo.

[93] **Enternecido:** comovido, emocionado.

[94] **Estrume:** mistura de fezes de animal com palha e folhas; o estrume é lançado à terra para esta ficar mais rica para o cultivo.

[95] **Deveras:** muito.

[96] **Pôr-se vermelho como um pimento:** ficar vermelho na cara, por fúria ou vergonha; corar.
Pimento:

[97] **Contemplativo:** que se dedica à contemplação.
Contemplação: estado de reflexão, meditação.

Nenhuma. Pedi-te para me trazeres para aqui? Não. Foste tu que o fizeste, por tua livre e espontânea vontade. Fizeste-o para mostrares a ti próprio que és muito piedoso[98] e compassivo[99]. Quando morreres queres ir para o Céu. Pois não vais, porque me insultaste gravemente. E vou-me já embora daqui, porque tenho a minha dignidade!

> [98] **Piedoso:** que tem piedade.
> **Piedade:** compaixão, dó.
> [99] **Compassivo:** que tem compaixão, pena, dó.
> [100] **Apoplexia:** ataque, por derrame de sangue no cérebro.

Nunca na sua vida Tomás tinha pronunciado tantas palavras juntas, de modo que ficou exausto. Mas pegou nas suas coisas – na manta, no lampião e na marmita vazia que os ladrões, por caridade, lhe tinham deixado – e foi-se embora dali.

Chegou à primeira aldeia e foi procurar emprego. Indicaram-lhe um café onde faziam inscrições para a apanha do morango em França. Tomás inscreveu-se e partiu. O trabalho era duro. Trabalhava dez horas por dia. O corpo de Tomás, depois de tantos anos de inatividade, não resistiu a uma mudança tão brusca. Após a primeira semana, morreu de apoplexia[100].

Exercícios

Compreensão

1. Junte cada início de frase, na coluna A, à sua continuação, na coluna B.

Coluna A	Coluna B
1. Até para falar	**A** que os pais de Tomás olharam para ele de outra maneira.
2. As duas histórias resumidas no conto	**B** porque adormecia.
3. Além da angústia que já sentiam,	**C** mas sentiram-se um pouco culpados por isso.
4. Foi a seguir ao falso incêndio	**D** Tomás era preguiçoso.
5. Os diagnósticos dos psicólogos	**E** foi a causa imediata da sua morte.
6. Com a sua passividade,	**F** não trouxeram nenhuma solução para o problema.
7. Tomás não conseguiu ser útil aos ladrões,	**G** que seria inútil pedir alguma coisa a Tomás.
8. Os ladrões abandonaram Tomás,	**H** os pais de Tomás ainda tinham de suportar a crítica da comunidade.
9. Aparentemente, o velho já sabia	**I** Tomás assustou os assaltantes.
10. A falta de exercício físico mínimo	**J** mostram que a preguiça não conduz a nada de bom.

Vocabulário

2. Complete as palavras. Todas elas caracterizam a pessoa que não faz nada ou faz muito pouco.

   a) M _____
   b) C _____
   c) P _____
   d) T _____
   e) M _____
   f) I _____

3. Para cada alínea, risque a palavra que não pertence à mesma família das restantes palavras.

   NOTA: Só pode riscar UMA palavra.

   a) nato • nascer • nascituro • natação • natividade • nativo
   b) entorpecente • torpor • torpedo • entorpecer • entorpecimento
   c) eletrocutado • electrocução • elétrico • eletrizado • elitista • eletricista
   d) executar • inexequível • executável • inexato • executado
   e) dissimular • simultâneo • simulação • simulador
   f) anímico • aninhado • animoso • animado • desanimado • animação
   g) abadia • apatia • simpatia • antipatia
   h) conferenciar • conferência • conferencista • conferenciado • confidência
   i) enlatado • entalado • lataria • lata • enlatar
   j) devedor • dever • dívida • endividar-se • deveras
   k) consciencioso • consciente • consciência • consistente • inconsciente
   l) folha • folhedo • folhado • folia • folheto • desfolhar • folhear
   m) prestigioso • prestar • prestável • imprestável • presteza
   n) contemplar • completar • contemplativo • contemplação • contemplado
   o) piedoso • piedade • impiedoso • impetuoso

Gramática

4. Preencha com as palavras do quadro.

   NOTA: Algumas palavras têm de ser flexionadas em género e em número.

   | tal | tão | tanto |

   a) A preguiça é um defeito _____ perigoso, que pode até conduzir à morte.
   b) A inatividade de Tomás era _____, que quase o paralisava.
   c) A situação de Tomás era de _____ maneira absurda, que até havia piadas sobre ele.
   d) Os ladrões irritavam-se _____ com Tomás, que até lhe batiam.
   e) As duas meninas viram que a passividade de Tomás era _____, que desistiram de brincar com ele.
   f) Tomás ficou _____ ofendido com a resposta irónica do velho, que decidiu sair de casa dele.
   g) A ingratidão e a arrogância de Tomás eram _____, que são difíceis de perceber.
   h) Os ladrões eram _____, que mal cabiam em casa.
   i) Os pais de Tomás entristeciam-se _____ com o comportamento do filho, que até invejavam o mau comportamento dos outros rapazes.
   j) Era _____ a desfaçatez de Tomás, que chegou a acusar o velho de egoísmo.

Domingo à tarde

Sílvia, no esplendor¹ dos seus 15 anos, era uma rapariga que celebrava a vida a cada lufada² de ar que respirava. E se ela respirava! Respirava e transpirava. Ia de bicicleta para todo o lado, pela estrada e pelos caminhos e carreiros de floresta. Alistou-se³ nos bombeiros, onde ajudava a enrolar mangueiras e a lavar jipes. Montava uma cabra mocha⁴, tinha um viveiro de sardaniscas⁵, tomava banhos de rio, tinha um esconderijo⁶ debaixo de uma laje⁷ da adega⁸, onde guardava o seu diário e outros objetos preciosos, sabia fazer espantalhos⁹ muito engraçados, de várias cores e

---

¹ **Esplendor:** brilho intenso; energia.
² **Lufada:** sopro forte de vento.
³ **Alistar-se:** inscrever-se.
⁴ **(Animal) Mocho (adj.):** que não tem chifres.
Chifres:

⁵ **Sardanisca:**

⁶ **Esconderijo:** sítio onde se escondem coisas.
⁷ **Laje:** pedra lisa usada para cobrir o chão de uma casa.
⁸ **Adega:**

⁹ **Espantalho:**

feitios, que realmente espantavam[10] os melros[11] das sementeiras. Sílvia não tinha paragem.

Nos anos oitenta, nas aldeias, era normal as crianças saírem de manhã para fazer todo o tipo de asneiras. Só vinham a casa para comer. As mães, se lhes queriam alguma coisa, tinham de vir à rua e gritar várias vezes pelos nomes dos filhos.

A casa de Sílvia ficava num outeiro[12]. Com a inclinação do terreno, era fácil subir ao telhado do galinheiro, pelo lado de cima, onde a parede era menos alta. Sílvia ficava sentada no cume do telhado[13] durante muito tempo, a contemplar a várzea[14] lá em baixo: a luzerna[15] a ondear[16] suavemente nos seus diferentes tons de verde; os salgueiros[17], mais ao fundo, de um lado e de outro da ribeira, a escondê-la com a sua folhagem[18] densa[19]; um rebanho de ovelhas branquinhas, que, ao longe, formavam um grande novelo de algodão.

O que é que este pequeno pedaço do globo terrestre tem a menos do que Paris, Nova Iorque ou Hong Kong? – pensava Sílvia. E tinha razão.

[10] **Espantar:** afastar alguém/algo, provocando medo.

[11] **Melro:**

[12] **Outeiro:** pequeno monte.

[13] **Cume do telhado:**

[14] **Várzea:** planície cultivada nas margens de um rio.

[15] **Luzerna:** planta cultivada para depois ser usada como alimento para os animais.

[16] **Ondear:** fazer ondas.

[17] **Salgueiros:**

[18] **Folhagem:** conjunto de folhas.

[19] **Denso:** espesso, compacto; (neste contexto) com muita folha.

© Lidel – Edições Técnicas, Lda.

93

Sílvia, por momentos, atormentava-se com pensamentos esquisitos. Por exemplo, acreditava piamente[20] que podia ter nascido com o corpo de um cão, porco ou escaravelho. Os cães, que vagueavam pelas ruas da aldeia, mesmo os que tinham dono, eram muito maltratados. Os porcos eram para matar e comer. E os escaravelhos, bom, são escaravelhos, sem perspetivas de futuro, ao contrário das lagartas, que se transformam em borboletas. E então regozijava-se[21] com a sorte de ter nascido humana.

Na escola, Sílvia era a melhor aluna. Ficava-lhe tudo na cabeça à primeira. Gostava de fazer exercícios de Matemática, porque acertava quase sempre. Ajudava sempre os colegas com mais dificuldades e isso envaidecia-a[22]. Em frente à escola, morava uma senhora de cadeira de rodas, muito beata[23], que, regularmente, os alunos iam visitar para lhe fazer companhia. Sílvia também ia. Essa senhora dizia com frequência, perante todos, que Sílvia era uma menina especial. Tudo isto lhe dava um sentimento de satisfação e autoconfiança que a tornava cada vez mais segura de si, mais aberta e comunicativa com todos. Sílvia era, portanto, uma verdadeira celebridade na sua aldeia. Todos a conheciam, a admiravam e gostavam de falar com ela. Ela dizia o que pensava, procurava sempre ser justa no que dizia e sabia ouvir os outros. Ao mesmo tempo, era humilde e não queria dar nas vistas[24]. Enfim, Sílvia preparava-se para ser uma mulher às direitas[25].

Faltava-lhe só aprender mais sobre o mundo à sua volta. Por isso, fazia um esforço grande para ler muito. Às sextas-feiras à tarde, estava sempre estacionada no largo da Casa do Povo a carrinha-biblioteca da Gulbenkian[26] e, todas as sextas-feiras, Sílvia ia lá entregar e trazer um livro. Só a carrinha já era uma coisa do outro mundo. Era um modelo antigo, uma Citroën HY[27] com duas portas traseiras que se abriam de par em par[28]. Sílvia gostava de entrar na

---

[20] **Piamente:** sinceramente.
[21] **Regozijar-se:** alegrar-se muito.
[22] **Envaidecer:** tornar vaidoso.
[23] **Beato:** muito religioso.
[24] **Dar nas vistas:** fazer-se notar pelos outros.
[25] **Às direitas:** justo e honesto.
[26] **Fundação Calouste Gulbenkian:** instituição portuguesa dedicada à promoção das artes, ciência, cultura e educação.
[27] **Citroën HY:**

[28] **Abrir de par em par:** abrir completamente.

carrinha e ficar a apreciar as paredes forradas de estantes cheias de livros marcados com fitinhas de cores. As fitinhas azuis eram as da literatura, que era o que ela costumava levar. Miúdos[29] e graúdos[30] entravam, abriam e fechavam os livros à vontade, a ver se tinham figuras, do que é que tratavam, o que diziam sobre o autor... riam-se e mostravam isto e aquilo uns aos outros. A troca de livros também era um pretexto para as pessoas se encontrarem e havia sempre alguma animação.

> [29] **Miúdos:** crianças.
> [30] **Graúdos:** adultos.
> [31] **Pacato:** calmo; sossegado; que não gosta de arranjar problemas.
> [32] **Bem-parecido:** bonito e atraente.
> [33] **Fértil:** produtivo.

É verdade que Sílvia ia todas as semanas buscar um livro. O pior era lê-lo. Sílvia espantava-se como as semanas podiam passar tão depressa. Quantas e quantas vezes ela ia entregar o livro sem nunca o ter aberto. Gastava os dias da semana nas brincadeiras do costume e a sexta-feira seguinte chegava num instante.

Um dia, em que estava na carrinha a entregar um desses livros que não tinha lido, encontrou Firmino, um rapaz pacato[31] e bem-parecido[32], com quem às vezes Sílvia trocava olhares tímidos. O livro que Sílvia ia entregar era o romance *Domingo à Tarde*, de Fernando Namora. Firmino perguntou-lhe de que tratava o livro e Sílvia, sem mais nem para quê, dá em mentir e dizer que o livro era muito interessante, que era a história de uma rapariga que saiu de casa para viajar pelo mundo. Depois de dizer isto, Firmino ficou à espera que Sílvia continuasse e então Sílvia, mostrando, inesperadamente, todo o à-vontade do mundo, prosseguiu:

– A rapariga desta história vai mudando de cidade e trabalha em vários sítios. Tem muitos amigos e tudo lhe corre bem. Um dia, vê um assalto e vai à esquadra de Polícia contar aquilo que viu, mas – azar! – o chefe da Polícia é cúmplice no assalto. Ela vai sofrer várias ameaças.

Sílvia lia pouco, mas tinha uma imaginação muito fértil[33].

Depois de ouvir o falso resumo da história, Firmino disse:

– Sim, parece interessante. Vou levá-lo.

Sílvia sentiu então um aperto súbito no coração. Uma angústia amarga como nunca tinha sentido antes. Durante duas ou três semanas, quis acreditar, absurdamente, que a história que tinha inventado, do nada, podia coincidir com a história do livro. Sabia, claro, que tal era impossível, mas tinha essa crença absurda. Finalmente, ganhou coragem para ir de novo à carrinha e requisitar outra vez o mesmo livro. Foi cautelosa e discreta. Pôs-se a observar de longe o momento em que a carrinha tinha menos gente lá dentro ou à entrada. Queria sobretudo certificar-se de que Firmino não estava lá. Sentia-se idiota por estar a vigiar as pessoas às escondidas. Sabia que estava a ter um comportamento altamente reprovável[34]. Não se reconhecia a si mesma.

> [34] **Reprovável:** condenável; que merece reprovação; condenação.
> [35] **De rajada:** muito rapidamente.
> [36] **Verme:** minhoca; (neste contexto) pessoa indigna, desprezível.
> [37] **Coxo:** pessoa que não caminha bem porque tem um ferimento numa perna ou pé.
> [38] **Hábil:** aquele que faz uma coisa bem.
> [39] **Armar-se em bom** (registo familiar): mostrar-se melhor do que o que se é, para causar boa impressão nos outros.

Mal chegou a casa, começou a ler o livro. Leu-o de rajada[35]. Depois de o ler, ficou ainda mais angustiada. *Domingo à Tarde* é uma história tristíssima. Um médico apaixona-se pela sua doente e, apesar de todos os seus esforços, não a consegue salvar. Sílvia sentiu um mal-estar agudo quando o livro chegou ao fim. Estava baralhada nos seus sentimentos. Sabia que se tratava de obra de ficção e que, portanto, aquela história não tinha acontecido tal como era ali contada. Mas e se tivesse um fundo de verdade? Se só os nomes e os pormenores fossem inventados? Afinal Fernando Namora tinha sido médico, dizia na contracapa do livro. Provavelmente, aquela era uma história baseada em factos reais. O que ela tinha feito tinha sido desrespeitar totalmente aquelas pessoas, fictícias ou não, ao mentir estupidamente sobre a história! Que vergonha! Porque é que tinha mentido? Parecia que o diabo, ou qualquer força negativa interior, a tinha tentado a fazer aquilo. Considerava-se agora um verme[36]. Mentir é sempre vergonhoso. Ela sabia-o. «Mais depressa se apanha um mentiroso do que um coxo[37]», «a mentira tem pernas curtas», «atrás de mentira, mentira vem». Estava farta de saber isso tudo. Não suportaria, ela própria, que lhe mentissem. Já muitas vezes lhe tinham escondido a verdade. Os adultos eram hábeis[38] nessas jogadas. Mas isso não é exatamente a mesma coisa que mentir. Ainda por cima mentir a propósito de nada, como foi o seu caso. Porque não disse simplesmente que não tinha tido tempo de ler o livro? Mas não! Quis armar-se em boa[39]! E autocensurava-se. Qual é a razão deste seu comportamento? Ela já era considerada inteligente por toda a gente na aldeia... Ninguém a desconsideraria por ela não ter lido um livro.

Como é que agora ia desfazer o erro que tinha feito? Se fosse um erro com uma justificação e com consequências, digamos, reais e penosas[40] para ela própria, seria um erro que poderia ser confessado, um erro pelo qual se podia pedir perdão. Mas um erro ridículo e infantil é muito mais difícil de admitir. A reação é a risota, é a humilhação, mais nada. Como não houve circunstâncias que motivassem aquela mentira, a única conclusão que se pode tirar é a de que a mentira surge por causa do caráter da pessoa, que é instável e leviano[41]. Sílvia não era agora, aos seus próprios olhos, uma pessoa de confiança. Já não podia confiar nela própria. Todos estes pensamentos abalaram[42] profundamente a sua autoestima, orgulho e amor-próprio.

A partir deste episódio sem importância prática, Sílvia passou a ser muito mais autorreflexiva e a tomar atenção ao seu próprio comportamento. Questionava-se, frequentemente, sobre os verdadeiros motivos de atuar de uma maneira e não de outra. Passou a vigiar as suas atitudes e a não dar como certo que tudo o que fazia era correto ou com motivações justas. Mas, sobretudo, passou a admitir que, muito provavelmente, ia ter na sua vida momentos de fraqueza, cobardia e idiotice[43].

Por exemplo, a idiotice de evitar cruzar-se com Firmino a todo o custo. Assim que o via ao longe, mudava de direção. Desistiu do clube de teatro em que ele também estava e deixou inclusivamente de frequentar a carrinha-biblioteca.

Um dia, vinha a descer a rua de bicicleta e Firmino vinha a subir. Assim que o viu, pôs-se a pedalar mais depressa, a fingir que tinha muita pressa e que não podia parar para falar. Mas levava um saco de limões pendurado no guiador e com o balanço do pedalar mais vigoroso[44], o saco ficou preso na roda da frente e Sílvia estatelou-se no chão, pouco depois de se ter cruzado com o rapaz. Grande azar. Firmino ajudou-a a levantar-se, perguntou se ela estava bem, apanhou-lhe os limões que, entretanto, se espalharam pela rua afora. Depois, ficaram a falar um bocado, sobre isto e aquilo. Passados dias,

---

[40] **Penoso:** que causa sofrimento.
[41] **Leviano:** que tem pouco juízo; irrefletido; imprudente.
[42] **Abalar:** fazer tremer; sacudir; agitar.
[43] **Idiotice:** qualidade daquele que é idiota.
[44] **Vigoroso:** enérgico, forte.

Sílvia encontrou Firmino numa festa de anos. Depois, foi num jogo de futebol importante, entre distritais. Nunca Firmino aludiu[45] ao livro.

> [45] **Aludir:** referir, mencionar.
> [46] **Poupar (alguém):** não querer fazer uma coisa negativa contra alguém.

Resta a dúvida: porque quis poupar[46] Sílvia à humilhação ou porque também ele nunca o chegou a ler? Para Sílvia era indiferente. Continuava a amargurar-se por ter mentido, ter sido fraca, ter falhado, como todas as outras pessoas, afinal.

Mal sabia ela que esta consciência moral era o que a tornava ainda mais excecional.

Exercícios

Compreensão

1. O texto abaixo é um resumo do conto. Este resumo tem quatro informações erradas. Detete as informações erradas. Indique as passagens do conto que provam que as informações estão erradas.

Sílvia era uma adolescente muito ativa e imaginativa. Passava o dia ao ar livre e experimentava todo o tipo de atividade. Gostava também de contemplar a paisagem e de refletir sobre o valor das coisas. Subia ao telhado do galinheiro, o que mostrava como ela se sentia atraída por fazer coisas difíceis. Enfim, considerava-se uma rapariga de sorte.

Era inteligente e despachada, por isso era bem-sucedida na escola, mas, por falta de tempo, raramente dava uma ajuda aos outros alunos. Na aldeia, todos lhe reconheciam valor e isso dava-lhe muita satisfação, de modo que queria estar sempre a atrair as atenções sobre si. Ao mesmo tempo, era franca e dizia sempre o que pensava. Não lhe passava pela cabeça mentir. A mentira era para ela algo de intolerável.

Porém, ela própria mentiu. Disse a Firmino, um rapaz lá da aldeia, que tinha lido um livro sem nunca o ter aberto sequer. E ainda por cima inventou toda uma história para substituir a verdadeira história do livro não lido. Esta foi uma mentira gratuita, absurda, despropositada. Sílvia nunca reconheceu que o que ela queria era impressionar Firmino e não percebe o porquê de ter mentido.

(continua)

(continuação)

Sílvia, que até então se tinha visto como uma pessoa excecional, vê que, afinal, é uma pessoa vulgar, pois falha como todas as outras. E é este reconhecimento da sua imperfeição que a levará a ser, afinal, mais perfeita.

_____
_____
_____
_____
_____

2. Qual é a frase que sintetiza melhor o sentido global do conto? Selecione apenas uma. Explique individualmente porque é que não escolheu as outras opções.

   a) Toda a gente mente e quem disser o contrário é porque está a mentir.
   b) Não basta reconhecer os erros, é preciso refletir sobre eles e, sobretudo, evitá-los.
   c) Mais vale ser a cabeça da galinha do que a cauda do dragão.
   d) A liberdade na infância é a maior garantia que temos de a criança vir a ser criativa.
   e) O mundo rural não fica nada a dever aos grandes espaços urbanos.
   f) As motivações para uma mentira podem fazer com que ela seja mais ou menos grave.

_____
_____
_____
_____

Vocabulário

3. Faça corresponder as palavras da coluna A aos seus sinónimos, na coluna B.

NOTA: Há quatro palavras a mais na coluna B. Não vai precisar delas.

Coluna A	Coluna B
	A amor-próprio
	B excecional
1. prosseguir	**C** baralhado
2. beato	**D** doloroso
3. mentir	**E** continuar
4. autoestima	**F** vigoroso
5. piamente	**G** sentimental
6. envaidecer	**H** religioso
7. especial	**I** envergonhado
8. tímido	**J** amargurado
9. penoso	**K** cauteloso
10. leviano	**L** sinceramente
11. forte	**M** orgulhar
12. aludir	**N** mencionar
13. angustiado	**O** imprudente
	P inventar
	Q exatamente

Gramática

4. Ordene os blocos de palavras de modo a construir frases corretas.

a)

| contavam com | de Sílvia | que | os colegas de escola |
| a ajuda | tinham mais dificuldades |

b)

| Sílvia | quem | a senhora | mais elogiava |
| da cadeira de rodas | era |

c)

| bem-parecido | trocava olhares | Sílvia | às vezes |
| com quem | Firmino | era aquele rapaz |

d)

| algum afeto | seguramente | por quem | era o rapaz |
| Firmino | Sílvia | tinha |

e)

| afinal | Sílvia | o livro | era |
| *Domingo à Tarde* | sobre o qual | nada sabia |

f)

| as pessoas iam | era | os livros | onde |
| a carrinha- -biblioteca da Gulbenkian | para requisitar |

g)

| Sílvia | gostava | de literatura | os livros |
| mais | os | eram | de que |

h)

| angustiava | nunca | Sílvia | tanto |
| | que | mencionou o livro | Firmino |

Um thriller com final feliz

Naquele 31 de dezembro, o casal Moreira andava numa grande azáfama. Eram três da tarde e os leitões¹ já estavam no forno a assar. Os salpicões², as morcelas, os camarões³, os frutos secos⁴, os bolo-rei⁵, os ananases, os queijos da serra – afinal, estávamos em plena Serra de Estrela – enchiam a grande mesa retangular da cozinha.

Carlos e Marta geriam uma empresa de Turismo de Habitação no sopé⁶ da Serra. Era um sítio bastante isolado, onde se chegava só por um caminho de terra batida⁷. Marta, que era natural de Manteigas, tinha herdado aquele terreno com uma casa de granito, só de um piso, em muito mau estado. A propriedade tinha pertencido ao seu bisavô⁸ e passou de uma geração para a outra sem que ninguém soubesse o que fazer daquilo. Marta, no entanto, ficou a saber, por umas amigas que trabalhavam na Câmara Municipal, que o Estado, com dinheiros que vinham da União Europeia, estava a dar apoio financeiro para a recuperação de casas para depois serem transformadas em pequenos hotéis rurais.

Marta lançou mãos à obra. Conseguiu o que queria, mas ganhou um desarranjo⁹ de nervos. Foram cinco anos às voltas com papéis, a aturar burocratas

---

¹ **Leitão:** porco muito novo.
² **Salpicão:** chouriço grosso.
³ **Camarões:**

⁴ **Frutos secos:**

⁵ **Bolo-rei:**

⁶ **Sopé:** base de uma montanha.
⁷ **Terra batida:** com areia grossa e pequenas pedras.
⁸ **Bisavô:** pai do avô ou da avó.
⁹ **Desarranjo:** avaria, perturbação.

zelosos[10], engenheiros incompetentes e arquitetos caprichosos[11]. Quando apresentou o projeto[12] de remodelação[13], ficou a saber que tinha de ter um projeto da casa já existente. Quando conseguiu, finalmente, a aprovação de licenciamento[14] de obras, já o prazo do concurso ao financiamento europeu tinha terminado – teve de esperar pela abertura do concurso seguinte. Quando reuniu a papelada para a constituição da empresa de hotelaria, faltavam ainda o certificado energético[15] e as licenças disto e daquilo. Foi um inferno.

Mas a empresa formou-se e a casa construiu-se. Era a Casa Moreira. Não ficou uma casa com muitos quartos – tinha apenas seis, além do quarto do casal –, mas todas as áreas eram espaçosas. Carlos e Marta não iam tirar muito rendimento dali, mas sempre ficavam donos de uma casa como deve ser. E a verdade é que, sem a ajuda dos dinheiros de lá de fora, nunca conseguiriam comprar uma casa semelhante. Porém, Marta, desde então, ficou com um feitio[16] insuportável.

Era o primeiro Fim de Ano que celebravam na casa nova. A festa servia também de inauguração, pois a casa-hotel só estava aberta ao público há cerca de um mês e ainda não se tinha assinalado o acontecimento. O casal não aceitou nenhuma reserva de quartos para aquela noite, dizendo que já estava tudo esgotado, e preparava-se para receber os amigos – 21 ao todo –, que ficariam ali a dormir para o dia seguinte. Assim, não havia a tentação de regressar a casa, com um grão na asa[17], ainda por cima por estradas tão perigosas e com neve. E que grande nevão[18] tinha caído! Os noticiários não falavam noutra coisa. Alerta vermelho por causa do frio, vento e neve.

– Esta gente de Lisboa não sabe o que é frio... – resmungava[19] Marta entre dentes[20], já bastante nervosa com a preparação do jantar.

---

[10] **Zeloso:** cuidadoso.

[11] **Caprichoso:** teimoso e extravagante.

[12] **Projeto:** desenho de uma casa que vai ser construída.

[13] **Remodelação:** renovação, modificação, reestruturação.

[14] **Licenciamento:** autorização ou licença.

[15] **Certificado energético:** documento que diz que o prédio não gasta energia elétrica a mais do que o necessário.

[16] **Feitio:** (neste contexto) caráter, maneira de ser.

[17] **Com um grão na asa:** um pouco bêbedo.

[18] **Nevão:** grande quantidade de neve.

[19] **Resmungar:** falar em voz baixa contra alguma coisa; zangado; com mau humor.

[20] **Entre dentes:** em voz baixa.

Era em Carlos que Marta, fatalmente, descarregava os nervos:

– Ó Carlos, o que estás a fazer? Vai abrir as garrafas de tinto, para arejarem[21], e já cortaste o presunto[22], como te mandei? Onde é que estão os cogumelos[23]? Não me digas que te esqueceste! Ai, homem, que não serves para nada... Desliga essa televisão, que me está a irritar. Olha, tocaram à campainha. Já são eles! Tão cedo?! O que lhes deu na cabeça para virem tão cedo? Não têm mais que fazer, só vêm é atrapalhar... Ó Carlos, vai abrir, homem!

Carlos foi abrir e apareceu-lhe à frente um homem alto, grande e forte, vestido de fato preto, com caspa[24] nos ombros, cabelo e bigode pretos, provavelmente pintados, e a pele da cara com buraquinhos. Era tal qual um vilão[25] dos filmes americanos, tirando, talvez, a caspa.

– Boa tarde. Reservei a suite[26].

Carlos sobressaltou-se[27].

– Deve haver algum engano. Nós não aceitámos reservas de ninguém para esta noite.

O homem impacientou-se[28] e ironizou:

– Isso é que foi inteligência. Tenho o hotel só para mim. Ainda bem.

Carlos não estava a perceber porque é que o outro insistia e voltou a dizer:

– Ouça, já lhe disse que hoje não recebemos nenhum hóspede, que rejeitámos todas as reservas.

---

[21] **Arejar:** apanhar ar.
[22] **Presunto:** 
[23] **Cogumelos:** 
[24] **Caspa:** peles finas e brancas muito pequenas que se libertam do couro cabeludo. 
[25] **Vilão:** pessoa má.
[26] **Suite:** quarto de hotel com uma pequena sala.
[27] **Sobressaltar-se:** assustar-se.
[28] **Impacientar-se:** ficar impaciente. **Impaciente:** que não tem calma ou paciência.

— Mas aceitaram a minha! — respondeu o homem, em tom já quase agressivo. E de seguida tira o telemóvel do bolso, movimenta o polegar meia dúzia de vezes e mostra-lhe o ecrã. Havia, de facto, uma reserva efetuada por aquele indivíduo que não tinha sido cancelada. Carlos tinha-se esquecido de ir à Internet verificar as reservas. Só tinha estado com a atenção posta nas reservas feitas pelo telefone. Falta de experiência. Carlos engoliu em seco[29].

> [29] **Engolir em seco:** calar-se e ficar preocupado e nervoso.
>
> [30] **Descalçar a bota:** resolver um problema.
>
> [31] **Desdenhoso:** que mostra desdém. **Desdém:** ter/sentir desdém por uma pessoa ou coisa é achar que essa pessoa ou coisa não é suficientemente boa para merecer a nossa aprovação.
>
> [32] **Amistoso:** que é amigo.

— Faça o favor de entrar. Venha por aqui. Vamos à receção fazer o *check-in*.

O homem respondeu de imediato:

— Não me chateie com papéis. Não tem os meus dados no *site* onde fiz a reserva? Para que é que é isso? Estou muito cansado da viagem e quero ir para o quarto.

— Vou mostrar-lhe o quarto, então...

A suite ficava na extremidade da casa e ocupava toda a largura do edifício. Tinha uns bons 30 metros quadrados e, além da zona de dormir, tinha uma sala, com dois grandes janelões, um com magníficas vistas para a Serra, outro virado para a área de estacionamento. Carlos pôs-se de imediato a matutar em como é que havia de descalçar aquela bota[30]. Tinha de pôr mais alguém a dormir na sala. Ia ver se havia mais algum divã, se não, como é que ia fazer? Havia no armário um ou dois tapetes de espuma que Marta usava para fazer ioga e, assim, combater o *stress* e a ansiedade. Podiam usá-los. Sempre era melhor do que dormir no chão.

Quando Carlos abriu a porta da suite, o homem fez uma cara de desagrado e exclamou, desdenhoso[31]:

— É a isto que vocês chamam uma suite? Se isto é uma suite, eu sou o Sylvester Stallone!

— Por acaso é parecido, senhor. Só lhe falta tirar o bigode e fica igualzinho. — disse Carlos a tentar ser engraçado para tornar as relações mais amistosas[32].

— O senhor cale-se e feche a porta.

Carlos sentiu um grande desconforto com aquelas falas tão brutas[33]. Que esquisitão, assim todo vestido de preto! Quando chegou à cozinha, o desconforto aumentou. Marta, ao ficar a par do sucedido, pôs-se a protestar alto e bom som contra o desmazelo[34] de Carlos. O trabalho dele era só tratar de reservas e pagamentos, ela é que tinha fazer todo o trabalho de mudas[35] de camas, limpezas e pequenos-almoços, mas nem assim ele conseguia fazer alguma coisa em ordem. Carlos argumentava que um esquecimento qualquer

> [33] **Bruto:** violento, rude, grosseiro.
> [34] **Desmazelo:** ato de desmazelar.
> **Desmazelar:** não cuidar de alguma coisa.
> [35] **Muda:** mudança; (neste contexto) fazer as camas com lençóis lavados.
> [36] **Atarracado:** baixo e de tronco largo.
> **Tronco:**
> [37] **Cara de poucos amigos:** com uma cara séria e antipática.

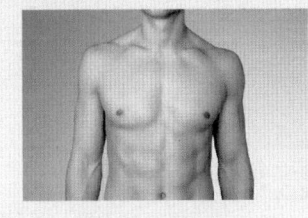

um tem, que quem não comete erros que atire a primeira pedra, que ela ultimamente andava muito implicativa…

Estavam eles nesta discussão, quando ouvem um carro a chegar. A seguir, põe-se a apitar. Calam-se os dois e ficam a olhar um para o outro, pasmados. Quem poderá ser agora? Os convidados? E desde quando as pessoas se põem a apitar em vez de tocarem à campainha? Marta espreita da janela e vê um jipe verde. O carro do hóspede inesperado, um Mercedes preto, está estacionado ao lado. Mais duas apitadelas. A seguir, a campainha. Carlos vai abrir. Marta fica a espreitar do corredor. Estavam dois homens à porta. Um muito alto e outro mais baixo, atarracado[36], mesmo. Tinham cara de poucos amigos[37]. Quem falou foi o baixote:

– Boa tarde. O quarto do outro que entrou agora? – a pronúncia do homem era estranha. Não era possível saber se o homem era estrangeiro ou se simplesmente tinha uma deficiência na fala. Agora Carlos estava mesmo preocupado.

– Mas olhem que nós não temos hipótese de hospedar os senhores.

– Nós não vamos dormir. Vamos trabalhar. Vamos ter uma reunião com o senhor que chegou antes de nós. Vamos embora depois de reunião.

– Ah, está bem… é por aqui. – declarou Carlos um pouco mais aliviado.

Carlos ia para bater à porta do quarto quando esta se abriu. Os dois homens entraram em silêncio. A porta fechou-se.

Carlos regressou à cozinha. Marta estava a ponto de explodir.

– E estes? Vão ficar em que quarto?

– Acalma-te, mulher. Só vêm falar com o mal-encarado[38] e já se vão embora.

– Mal-encarados são eles todos! É este o risco de ter uma casa aberta ao público. Temos de receber quem queremos e quem não queremos. – lamentava-se Marta. – Sobretudo, quando se tem uma pessoa a tratar das reservas que não sabe o que está a fazer!... Mas vais ver que ainda ficam todos para jantar. E eu não sei se a comida chega para todos! Além disso, vão criar mau ambiente na festa, porque ninguém vai estar à vontade com aqueles caras de pau[39] na sala. O que é que achas, descongelo[40] o rosbife[41]? Não sei se descongela a tempo de se temperar[42]... Mas se eles não jantam, também escuso[43] de estar a fazer tanta carne para depois ficar tudo aí a estragar-se.

Entretanto, começou a cair um nevão valente. No espaço de cinco minutos, a camada de neve lá fora devia ter subido uns 10 centímetros. Se continuasse a nevar assim, ia ser difícil chegar até à Casa Moreira, sobretudo depois de se deixar a estrada nacional. Esta circunstância punha Marta ainda mais nervosa.

– Vai lá perguntar se eles jantam.

O Carlos recusou-se:

– Não vou nada! Tu és tola? Os homens são de poucas falas e estão lá a tratar dos seus negócios. Não vou interrompê-los. Deus me livre!

---

[38] **Mal-encarado:** que tem má cara; que tem cara de poucos amigos.

[39] **Cara de pau:** que não tem vergonha; atrevido.

[40] **Descongelar:** tirar da arca frigorífica. **Arca frigorífica:**

[41] **Rosbife:**

[42] **Temperar:** pôr os temperos (sal, alho, louro, pimenta, paprica, etc.).

[43] **Escusar:** não fazer uma coisa, porque afinal não é preciso fazê-la.

Marta enfureceu-se e decidiu ir lá ela própria. Mas ainda não tinha dado dois passos quando se ouviu um tiro[44]. Marta estacou[45]. Carlos susteve a respiração. Silêncio, dentro e fora do quarto. Nisto, Marta, num ímpeto[46], corre para o quarto e irrompe[47] por ali adentro, sem bater nem nada. Carlos corre atrás. A cena que veem é indescritível[48]. A cama e a mesa cobertas de munições[49], explosivos[50] e granadas, o janelão do lado do estacionamento aberto, um frio de rachar[51], três homens boquiabertos[52], de olhar esgazeado[53], um deles com uma espingarda nas mãos e um furo na parede. Pasmavam[54] todos uns para os outros.

[44] **Tiro:**

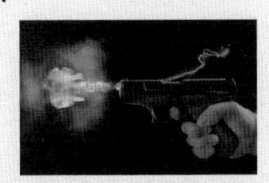

[45] **Estacar:** parar de repente.

[46] **Ímpeto:** movimento que se faz de repente.

[47] **Irromper:** entrar num sítio de repente.

[48] **Indescritível:** que não se pode descrever; espantoso.

[49] **Munições:**

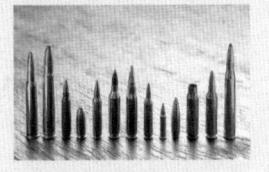

[50] **Explosivos:**

[51] **Frio de rachar:** muito frio.

[52] **Boquiaberto:** de boca aberta.

[53] **Olhar esgazeado:**

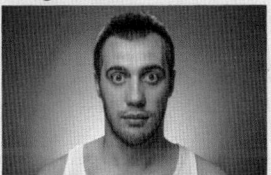

[54] **Pasmar:** olhar com pasmo, espanto, surpresa, admiração.

Mas o pasmo não durou muito. Em menos de um nada[55], Marta e Carlos viram-se amarrados[56], cada um à sua cadeira, e com mordaças[57] na boca.

— Besta[58]! Grande besta! Você é besta! — gritou o homem mais pequeno, na sua fala esquisita — Grande animal você é! Não sabe mexer em arma porque mexe em arma? Não deve mexer em arma! Nós queremos munições. Nós sabemos que munições têm calibre certo. Nós já vimos. Munições boas. Nós já sabemos. Para quê o teatro? Para quê pegar em arma? Você quer ser Sylvester Stallone?!

O homem vestido de preto não respondia. Estava de facto envergonhado, mas tentava manter cara de durão[59].

— E agora? E agora?! Que fazer? Eles? — e apontava para Marta e Carlos, amordaçados. — Nós fazemos negócio com armas, não matamos pessoas com armas, outros matam pessoas com armas. Você é besta. Você mata eles[60].

Marta queria falar e explicar que tanto ela como Carlos juravam não dizer nada, mas com a mordaça só conseguia guinchar.

— Sim, eles querem dizer que não vão dizer nada, sim, sim. Nós acreditamos? Nós não acreditamos. — respondeu o pequenito virando-se para o grandalhão, que abanou com a cabeça em sinal de negação.

O homem de preto continuava sem dizer nada.

— Não falas, Rambo[61]? Não dizes nada? — espicaçava-o[62] o baixote. — Fazes asneira e depois calas[63]? Podes calar, mas tens de fazer. Fazer o que eu disse.

---

[55] **Em menos de um nada:** de repente.
[56] **Amarrado:**
[57] **Mordaça:**
[58] **Besta:** animal; (neste contexto) pessoa bruta, estúpida.
[59] **Durão:** forte.
[60] **«Mate-os você»** seria a forma correta. A personagem faz muitos erros de português, não fala bem a língua.
[61] **Rambo:** personagem representada por Sylvester Stallone.
[62] **Espicaçar:** provocar; tentar deliberadamente fazer com que uma pessoa se zangue ou faça alguma coisa que não quer ou tem medo de fazer.
[63] **«Calas-te»** seria a forma correta.

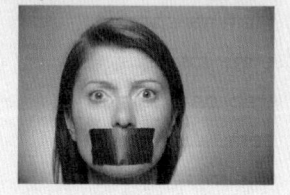

– Fui eu que arranjei o problema, sou eu que o vou resolver. – disse finalmente o homem de preto. E continuou:

– Como ficamos com a encomenda? Levam as munições todas, então?

– Depois falamos de[64] encomenda. Agora resolve situação[65]. – respondeu o homem pequeno – Não é assim? – e virou-se para o capanga grande, que acenou com a cabeça em sinal de afirmação.

O homem de preto olhou para Marta e Carlos com um ar consternado[66]. Os dois prisioneiros estavam brancos como a cal. O homem sentou-se.

– Não temos muito tempo. Temos ir[67] embora. Muita neve agora. Precisamos ir já. Resolve assunto já. – insistia o pequenote.

O homem de preto levanta-se, pega na arma que minutos antes tinha pousado em cima da mesa e aponta-a à cabeça de Marta. Nos segundos que se seguiram, Marta reviu toda a sua vida desde pequenina, em imagens aleatórias[68]: o primeiro dia de escola, a sua imagem refletida na janela com o pescoço inchado da papeira[69], as varizes[70] das pernas da avó, as pilhas[71] de revistas do Reader's Digest a um canto do sótão, girinos[72] a rabear no tanque de água corrente, o seu vestido de noiva, o sincelo[73] nas

[64] **«Da»** («de» + «a») seria a forma correta.
[65] **«Resolve a situação»** seria a forma correta.
[66] **Consternado**: muito triste, porque foi afetado por um problema.
[67] **«Temos de ir»** seria a forma correta.
[68] **Aleatório**: ao acaso; sem plano nem ordem lógica.
[69] **Papeira:**

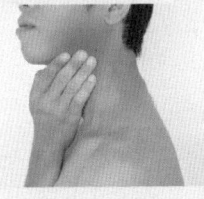

[70] **Varizes**: veias grossas, que fazem com que o sangue não circule bem.
[71] **Pilha**: monte de coisas postas umas sobre as outras.
[72] **Girinos:**

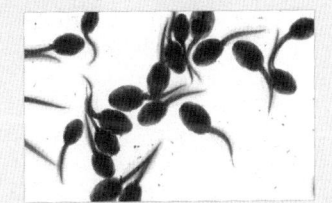

[73] **Sincelo:**

manhãs de janeiro, o seu cão Pluto, as batatas com grelo[74] à espera da plantação, os potes pegajosos de resina cravados nos pinheiros[75], a cafeteira de esmalte[76] com amolgadelas[77] negras, uma nesga[78] de sol a iluminar a cómoda[79] onde dançavam as sombras das flores da buganvília[80] nas tardes quentes de verão antes de dormir a sesta[81]... Curiosamente, Marta sentia agora uma paz, uma calma infinita, como em criança, antes de adormecer, na hora da sesta.

De súbito, toca um telemóvel. Todos se sobressaltam. O homem de preto quase que deixa cair a espingarda. É o telemóvel do Carlos. Toca, toca... Carlos não consegue atender por ter as mãos atadas. O homem de preto não faz nada. O homem pequeno também não. Pouco depois de deixar de se ouvir o toque de chamada, ouve-se o som de uma mensagem a chegar. O homem pequeno, num movimento brusco, tira o telemóvel do bolso de Carlos e lê a mensagem:

---

[74] **Grelo de batata:**

[75] **Potes pegajosos de resina cravados em pinheiro:**

[76] **Cafeteira de esmalte:**

[77] **Amolgadela:** ato de amolgar.

[78] **Nesga:** pequeno espaço.

[79] **Cómoda:**

[80] **Buganvília:**

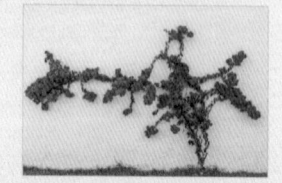

[81] **Sesta:** sono que as crianças dormem depois do almoço.

«Esses sacanas[82] já chegaram?», estava escrito.

Ao ler a mensagem, fica com uma expressão de pânico. Atira com o telemóvel para cima da mesa e grita, histérico[83]:

– O que ser isto?! – a perturbação do homem era tão grande que deixou de conseguir conjugar os verbos.

– Isto o quê?! – pergunta o homem de preto, sem perceber nada do que se estava a passar.

– Vocês ter um esquema para apanhar nós[84]! Você dizer a outras pessoas nós estar aqui para caçar nós[85]! Polícia? Polícia! Bandido você! Assassino você! Nós não fazer nada[86]! – e ao dizer isto fugiu para o jipe com o homem grande atrás. O jipe arrancou a toda a velocidade e desapareceu na curva do caminho, aos saltos.

– Mas o que é que se está a passar aqui? – perguntou para si próprio o homem de preto, em voz alta. Marta pensava que a pergunta era para ela e estrebuchava[87] e guinchava o mais que podia na tentativa inútil de se libertar. O homem sentou-se, pousou a arma e deitou as mãos à cabeça num gesto de manifesto desespero. Marta não teve pena dele e continuou a guinchar ainda mais alto. O homem tirou-lhe então a mordaça da boca e Marta desatou a falar como uma metralhadora[88]:

– Irra! Que gente estúpida! Se viram que não havia mais ninguém em casa, para que foi a mordaça? Vocês não sabiam ir para outro lado negociar? E qual foi a sua ideia de se pôr aos tiros? Estamos nós aqui a tentar levar a nossa vida de modo honesto, com o nosso trabalho, e vêm vocês, malandros, estragar a vida a toda a gente. A negociar em coisas que só servem para aumentar a guerra no mundo. E agora, o que vai fazer connosco? Vai matar-nos? Arranjava-a bonita[89]. Até agora você não fez nada, homem, só um tiro na parede.

---

[82] **Sacana:** bandido; patife; pessoa má e desprezível.

[83] **Histérico:** que age de uma maneira descontrolada por estar assustado, perturbado ou excitado.

[84] «Vocês têm um esquema para nos apanhar» seria a forma correta.

[85] «Você disse a outras pessoas que nós estávamos aqui, para nos caçarem» seria a forma correta.

[86] «Você é que é o bandido! Você é que é o assassino! Nós não fizemos nada!» seriam as formas corretas.

[87] **Estrebuchar:** agitar muito a cabeça, os braços e as pernas.

[88] **Falar como uma metralhadora:** falar sem parar, muito depressa, durante um período longo.

[89] **Arranjava-a bonita:** expressão que serve para dizer que se um plano for executado, ele vai ter consequências muito negativas.

Mas ninguém é condenado por um tiro na parede. Se nos mata, passa a ser um assassino. Se não for apanhado e condenado, será um fugitivo, um verme miserável e passará o resto da sua vida a tentar escapar à Polícia. Um homem com tão bom corpo!... Podia dar utilidade à sua vida. Nós não vamos denunciar ninguém. Para quê? Se você sair daqui com esta porcaria toda, que provas é que nós temos para vos denunciarmos? Pense lá, se é que gente como você sabe o que é isso. Acha que nós vamos à Polícia contar uma história sem pés nem cabeça⁹⁰ como a que aqui se passou? Quem é que acreditaria em nós? Nós queremos é paz, ouviu? Não queremos meter-nos em alhadas⁹¹, ouviu? Os outros dois anormais fugiram de quê, afinal?

> ⁹⁰ **Sem pés nem cabeça:** sem lógica; absurdo.
> ⁹¹ **Meter-se em alhadas:** arranjar problemas.
> ⁹² **Gutural:** que sai da garganta.
> ⁹³ **Zombaria:** ação de zombar.
> **Zombar:** fazer com que uma pessoa pareça estúpida, rindo-se dela ou imitando-a.
> ⁹⁴ **Hirto:** com as costas direitas.

    O homem, que estava como que hipnotizado com aquela conversa, lembrou-se do telemóvel em cima da mesa. Leu-o. Olhou para Marta e Carlos, continuando sem perceber nada.

    – Mostre aí a mensagem. Foi a mensagem que os assustou. – disse Marta, em voz de comando.

    O homem mostrou-lhes o monitor do telemóvel.

    Carlos, ainda com a mordaça na boca, emitiu o seu primeiro som gutural⁹². Parecia um som de riso, mas ninguém teve a certeza. Marta explicou a mensagem:

    – É o doido do Quim Jorge! Queria só saber se o Armando e o Hélder, que são primos dele, já cá estavam. «Sacanas» era na brincadeira!

    – Mas estragou-me o negócio! – protestou o homem.

    – «Mas estragou-me o negócio!»... – imitou Marta, em tom de zombaria⁹³ e desprezo. – O negócio estragou-o você com o tiro na parede!

    Carlos pôs uma expressão de alarme. O homem enfureceu-se com as palavras de Marta. Pôs-se hirto⁹⁴ e, num repente, voltou a pegar na espingarda. Antes que tivesse tempo de a apontar, já Marta estava outra vez a falar:

    – Deixe estar a espingarda quieta, homem, que ainda se magoa. Ouça, eu tenho uma solução. Tenho uma solução, sim. – repetiu Marta, ainda a pensar no que ia dizer. — Nós assinamos--lhe um papel, um contrato de compra e venda a dizer que você nos vendeu esta porcaria toda. Um papel neste país é tudo! Não interessa mais nada. A realidade que está à frente dos olhos não existe se houver um papel a dizer o contrário. Acredite em mim, que eu já passei por um verdadeiro inferno de papelada. Compra e venda de armas é uma brincadeira de criança comparado com o ter de juntar os papéis certos, para entregar nas repartições[95] certas, às horas certas, nas mãos das pessoas certas, só para poder ter esta porcaria desta casa. É uma brincadeira, ouviu?

> [95] **Repartição:** secção onde funciona um dado serviço do Estado; gabinete; secretaria.
> [96] **Intransitável:** por onde não se pode transitar, passar com o carro.
> [97] **Viver com o coração nas mãos:** viver muito aflito, muito preocupado.
> [98] **Temer:** ter medo.
> [99] **Arsenal:** grande quantidade de objetos.

Finalmente, Marta calou-se. O homem manteve-se em silêncio durante um certo tempo. Lá fora continuava a nevar intensamente. O homem olhou pelo janelão, preocupado. De súbito, começou a arrumar tudo na mala o mais depressa que pôde, meteu-a no carro, entrou nele e foi-se embora. Marta ficou a gritar, pedindo que o homem os desamarrasse, mas em vão. Conseguiram desamarrar-se um ao outro, depois de andarem aos saltinhos com as cadeiras e de se porem de costas voltadas para aproximarem as mãos.

Nessa noite, não houve festa de final de ano. Os amigos do casal Moreira, um a um, foram ligando a dizer que não podiam ir, porque a estrada estava intransitável[96]. Marta e Carlos passaram boa parte da noite sentados à mesa da cozinha, em frente aos leitões, sem comer nada.

Nos meses que se seguiram, Carlos e Marta nunca abriram a boca sobre o sucedido, mas viviam com o coração nas mãos[97], temendo[98] que o homem de preto mudasse de ideias. A paz só regressou às suas vidas quando ouviram na televisão a notícia do ano. O arsenal[99] de guerra, que tinha sido roubado de um armazém do Exército, não se sabia quando, tinha sido abandonado num descampado, no Ribatejo. Alguém tinha decidido devolver o material. A Polícia Judiciária estava a investigar, mas ainda não tinha nenhuma pista sobre quem podia ter roubado, nem sobre quem tinha devolvido o arsenal. Perícias ao conteúdo das caixas tinham apurado apenas a presença de muita caspa.

Exercícios

Compreensão

1. Foram retiradas seis frases do texto reproduzido nas páginas seguintes. Escolha a frase que deve ser recolocada corretamente em cada espaço do texto. Escreva apenas a letra em cada espaço, no texto.

   NOTA: Há duas frases a mais. Não vai precisar delas.

A É bem verdade que as pessoas, perante o perigo, podem ter as reações mais diversas.

B O que mostra que se Marta ficasse quieta na cozinha, não teria visto as armas e, portanto, não se punha a ela e ao marido em perigo.

C Aliás, é o mais perigoso dos três bandidos.

D Isto porque dois negociantes de armas (o terceiro homem era só um capanga) acharam que a Casa Moreira, sendo tão isolada, era o sítio ideal para tratarem do negócio.

E Apesar de só ter esta tarefa, fez asneira.

F A sorte foi que, com o nevão, nenhum dos amigos do casal apareceu, porque se não a confusão ainda seria maior.

G Este Sylvester Stallone de imitação é também uma personagem muito curiosa.

H Não se sabe exatamente que influência este relambório teve na decisão do homem de preto de largar tudo e ir-se embora também.

I E apesar de tudo ter terminado em bem, houve ali momentos de grande tensão.

Estamos em vésperas do Fim de Ano e o casal Moreira vai sofrer o maior susto da sua vida. Em vez da festa com os amigos, Marta e Carlos vão passar a noite de Fim de Ano sozinhos. (1) _____

Foi um mau começo para o casal Moreira. (2) _____ É que Marta chegou mesmo a ter uma arma apontada à cabeça. E veja-se como são as coisas:

Marta, uma mulher tão nervosa, de repente, ficou calma e, inclusivamente, pôs-se a relembrar cenas da sua vida passada. (3) _____

Carlos é claramente uma pessoa menos ativa. Não foi ele que tratou dos papéis da construção da casa, nem é ele que faz as tarefas domésticas. Ele só tem de se dedicar à confirmação das reservas. (4) _____ Marta tem alguma razão ao ralhar com ele, pois se o «Rambo» não tivesse feito a reserva da suite, nada daquilo tinha acontecido.

(5) _____ Primeiro, mostra-se extremamente antipático, rude até, mas, depois de dar o tiro sem querer, cala-se e fica muito comprometido.

O outro negociador, o homenzinho atarracado, não é menos estranho. (6) _____ É ele que exige que o homem de preto mate as testemunhas do crime: Marta e Carlos. Porém, mal vê a mensagem do telemóvel de Carlos, assusta-se e desata a fugir.

Marta, depois de ver que afinal não ia morrer, parece que volta ao seu estado normal e começa a ralhar com o homem de preto, ridicularizando-o e dando-lhe uma lição de moral. (7) _____ Marta quer acreditar que foi ela a heroína desta história. E, se calhar, até foi.

Vocabulário

2. **Legende as imagens.**

   NOTA: As palavras que tem de usar estão explicadas nas margens do texto.

   a)

b)

c)

d)

e)

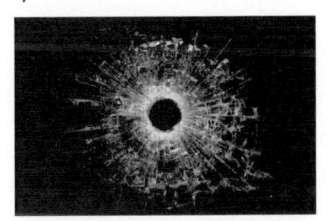

f)

g)

h)

i)

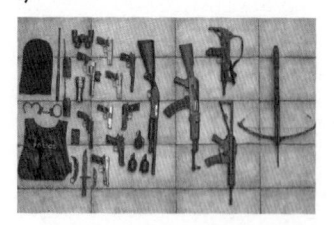

3. O quadro abaixo tem partes de palavras. Junte duas partes para formar uma palavra. Deverá formar, no total, 12 palavras.

amist-	constern-	boqui-	-paciente	-agrado	-aberto
des-	caprich-	In-	des-	-oso	-ssaltar-se
dur-	im-	-oso	-congelar	-encarado	-ado
mal-	-calçar	sobre-	-descritível	-ão	des-

a) O mesmo que «amigável»: _____
b) O mesmo que «com cara de poucos amigos»: _____
c) O mesmo que «de boca aberta»: _____
d) Significa «muito duro», «forte»: _____
e) Tem o significado de «teimoso», «extravagante»: _____
f) Aquele que não é paciente: _____
g) Tirar meias ou sapatos, botas ou sapatilhas: _____
h) Tirar da arca frigorífica: _____
i) Que não se pode descrever: _____
j) Muito triste e incomodado por causa de uma situação má que aconteceu: _____
k) Apanhar um susto: _____
l) Insatisfação, descontentamento: _____

4. Complete as frases com as expressões apresentadas no quadro. Terá de conjugar os verbos na forma correta (em três casos) e alterar a posição do pronome (num caso).

NOTA: Há duas expressões a mais. Não vai precisar delas.

falar entre dentes	ficar branco como a cal	com um grão na asa
um frio de rachar	engolir em seco	com cara de poucos amigos
viver com o coração nas mãos	descalçar a bota	meter-se em alhadas

a) O meu primo não pode conduzir. A Polícia tirou-lhe a carta. Foi apanhado a conduzir _____.

b) O Governo prometeu subir o salário mínimo e aumentar as pensões, mas agora que viu que não tem dinheiro, não sabe como é que vai _____. Esta semana já começaram as greves.

c) Não costumo ter azar no trânsito, mas, no outro dia, um taxista estava a recuar e bateu no meu carro, porque não olhou para trás. Apesar de ser ele o culpado, saiu do carro _____ e ainda veio refilar comigo!

d) Antigamente, quando ia para a escola primária, a pé, nas manhãs de janeiro, estava sempre _____. Até custava a respirar. Quem não acredita no aquecimento global é porque não tem memória, já para não falar de que não lê nada sobre ciência.

e) O diretor da escola _____ quando soube que a maioria dos professores tinha votado contra ele.

f) O meu primo foi sempre um rapaz pacato e nunca _____, mas depois cresceu, andou envolvido com uns bandidos quaisquer e foi parar à prisão por passar notas falsas.

g) D. Maria _____ depois que o filho se dedicou a tempo inteiro à Fórmula 1. Era o seu único filho, a quem ela tinha dedicado toda a sua vida.

Gramática

5. Preencha os espaços com os verbos ESTAR, ANDAR, COMEÇAR e FICAR na forma correta.

   a) Eram três da tarde e os leitões já _____ a assar.

   b) Marta _____ a tratar dos papéis para o Turismo de Habitação durante cinco anos.

   c) Enquanto Carlos foi abrir a porta, Marta _____ a tratar da comida na cozinha.

   d) Mal o homem de preto _____ a falar, Carlos ficou logo aflito.

   e) Carlos _____ a brincar quando disse ao homem de preto que este parecia o Sylvester Stallone. Ele só queria ser simpático.

   f) Marta _____ a ficar cada vez mais nervosa.

   g) Marta e Carlos _____ a receber hóspedes há muito pouco tempo.

   h) A meio da tarde, _____ a cair um nevão muito forte.

   i) Depois de entrarem no quarto, Marta e Carlos ficaram pasmados. Aliás, _____ todos a pasmar uns para os outros.

   j) Quando o homem pequenino apontou para Carlos e Marta, esta _____ a guinchar.

   k) O homem de preto _____ a olhar pela janela, a pensar no que havia de fazer a seguir. Até que decidiu ir-se embora.

O revisor

João Paulo dos Santos Cruz era conhecido no seminário onde estudava pela alcunha de «O Papa». Os colegas diziam a alcunha em tom trocista, mas João Paulo não dava conta e via até nesse epíteto[1] o prenúncio[2] de que algo de superior lhe estava destinado.

João Paulo estudou no seminário durante cinco anos. Foi para lá, não porque quisesse ser padre, mas porque os seus pais eram muito pobres, tinham mais três filhos pequenos para criar e viviam numa aldeia, Parada, a 20 km da vila de Resende, onde se chegava por uma estradinha toda às curvas. Para o porem a estudar numa escola pública teriam de pagar alojamento em Resende. Nenhuma camioneta passava em Parada. Daí a opção pelo seminário.

João Paulo não revelava a ninguém que não tinha intenção de ser padre. Pelo contrário, tentava disfarçar ao máximo a sua falta de vocação[3]. Por isso, ajudava sempre na eucaristia[4] e puxava o lustre[5] aos candelabros[6]. No primeiro ano de seminário, o rapaz pouco mais sabia do que ler e escrever. Falar, falava como os da sua aldeia, com erros de gramática, pronúncia carregada nos sons sibilantes[7] e com muitos regionalismos[8]. O padre António, que era o mais paciente e bonacheirão[9], passava a vida a corrigi-lo. João Paulo sentia-se ofendido com as correções do padre e se

---

[1] **Epíteto:** alcunha.

[2] **Prenúncio:** sinal de que uma coisa vai acontecer.

[3] **Vocação:** habilidade natural para fazer determinada coisa.

[4] **Eucaristia:** cerimónia cristã (missa) em que as pessoas comem o pão e bebem o vinho em memória da última ceia de Cristo.

[5] **Puxar o lustre:** pôr uma coisa a brilhar esfregando muitas vezes com um pano.

[6] **Candelabros:**

[7] **Sons sibilantes:** os sons no início das palavras «são» e «zebra» são sibilantes.

[8] **Regionalismo:** palavra própria de uma região.

[9] **Bonacheirão:** bondoso.

evitava repetir os mesmos erros de português era apenas para não ter de passar pela humilhação de ter de ser novamente corrigido.

Nos anos oitenta, os seminários davam uma boa formação na área das Humanidades e ainda ensinavam Latim, Grego e Música, o que nas escolas secundárias já se começava a abandonar. João Paulo estudava com afinco[10]. Tinha, porém, muita dificuldade em entender conceitos, estabelecer relações entre situações, aplicar princípios, analisar e decompor argumentos, enfim, raciocinar. Por isso, esforçava-se por decorar palavras invulgares, expressões sentenciosas[11], citações de autores consagrados[12] que lhe davam sempre muito jeito para responder nos testes de avaliação. João Paulo não distinguia entre a realidade daquilo que lhe chegava pelos sentidos – como o frio das camaratas[13] onde dormia, a escuridão nos corredores com pé-direito[14] muito alto, o mau cheiro vindo das latrinas[15], as águas cantantes da ribeira de Sta. Eulália – e a realidade que decorre do conhecimento da essência das coisas, nas suas diferentes categorias e princípios fundamentais. Por isso, tratava as ideias e valores como objetos ou entidades[16] concretas. O Tempo era o relógio ou o calendário, a Grandeza era a altura de um homem e a Caridade era a esmola. A mente de João Paulo estacava sempre nas primeiras operações do processo de abstração. Por isso, para ele, tudo era evidente e óbvio. Não é de espantar, pois, que conseguisse apenas tirar notas medianas[17] nos testes, pois aprendia tudo por memorização e imitação.

> [10] **Afinco:** atitude de alguém que continua a tentar fazer uma coisa; persistência.
>
> [11] **Sentencioso:** que exprime opinião sobre o bem e o mal de uma maneira dogmática.
>
> [12] **Consagrado:** que é reconhecido publicamente como alguém ou alguma coisa de valor.
>
> [13] **Camarata:**
>
> [14] **Pé-direito:** expressão usada em arquitetura que indica a distância do chão ao teto.
>
> [15] **Latrina:** compartimento onde está a sanita.
> **Sanita:**
>
> [16] **Entidade:** coisa, ser.
>
> [17] **Mediano:** nem bom, nem mau.

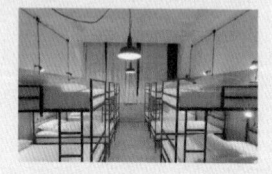

Nenhum problema de maior haveria nisso, não fosse o facto de João Paulo sofrer atrozmente por os colegas tirarem melhores notas do que ele. Não sofria por se sentir injustiçado, não por pressentir que estava a falhar em alguma coisa, não por concluir que tinha de estudar mais para tentar tirar notas tão boas como as deles. Não. João Paulo não sofria por não estar ao nível dos outros. Ele sofria por os outros não estarem ao nível dele.

Então, a única forma que encontrava para aliviar[18] esse sofrimento era fazendo queixa dos colegas. Sobretudo dos colegas da sua idade ou mais novos. Acusá-los de lerem histórias aos quadradinhos[19] nas aulas, de passarem papelinhos[20], de fazerem a cama sem alisarem os lençóis, de cochicharem[21] na camarata à noite, de sujarem a camisa a comer a sopa, de esborratarem[22] o caderno. Mas passava graxa[23] aos alunos mais velhos e especialmente aos mais ricos, que, como é natural, o ignoravam. O padre diretor a princípio via nele o idiota útil, mas depois começou também a enfadar-se[24] dele.

Do seminário, João Paulo seguiu para a Faculdade de Letras de Coimbra, a expensas de[25] um tio e padrinho que tinha no Brasil. Aguentou-se lá seis meses.

[18] **Aliviar:** tornar uma coisa menos dolorosa.

[19] **Histórias aos quadradinhos:** ou «banda desenhada» ou simplesmente «BD». São histórias contadas através de pequenos quadrados com desenhos e falas de personagens. Estes quadrados são apresentados uns a seguir aos outros em bandas ou tiras. A ordem dos quadradinhos é a ordem da ação da história.

[20] **Passar papelinhos:** nas aulas, os alunos, às vezes, em vez de estarem atentos ao professor, mandam uns aos outros pequenos papéis com mensagens, sem o professor perceber.

[21] **Cochichar:** falar em voz baixa.

[22] **Esborratar:**

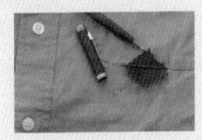

[23] **Passar graxa:** elogiar uma pessoa só para que ela nos dê alguma coisa que queremos; bajular; lisonjear.

[24] **Enfadar-se:** aborrecer-se; ficar chateado, impaciente e um pouco zangado.

[25] **A expensas de (alguém):** quando alguém faz alguma coisa a expensas de outra pessoa quer dizer que o faz com o dinheiro dessa pessoa; às custas de; por conta de.

Na altura, era frequente encontrar rapazes que entravam para as Faculdades de Letras vindos de seminários. Tinham fama de espertalhões[26] e matreiros[27]. João Paulo, porém, era uma exceção, pois de esperto[28] não tinha nada. Mas aquilo que lhe faltava em esperteza sobrava-lhe em ambição. Meteu-se-lhe na cabeça que havia de ser poeta. Não um poeta qualquer, mas uma figura de proa[29] da língua portuguesa. A atividade literária de João Paulo começou logo que chegou à Faculdade. Escrevia ensaios exploratórios e comentários especulativos que o Boletim da Associação de Estudantes publicava, entre outras patranhas. Passado pouco tempo, iniciou-se na poesia experimentalista que o *Diário de Coimbra*, à falta de melhores colaboradores, aceitou publicar semanalmente. João Paulo assinava com o pseudónimo de Florêncio Chaparra, porque lhe parecia bem assim. Chegou a dar uma entrevista para a Rádio da Universidade em que se afirmava como escritor por força da Natureza, por não lhe ser possível viver sem escrever, coisa que fazia desde os sete anos sem saber porquê, sabendo hoje que a sua missão na Terra é inaugurar[30] uma estética radicalmente nova, o Classicismo Progressivo, que consiste em superar os limites da expressão linguística atual, «pois a língua portuguesa encontra-se atualmente reduzida a fórmulas gastas recitadas por mentecaptos[31]!».

Um dia, o professor de Teoria Literária decidiu dedicar uma aula à análise crítica de textos representativos da má literatura. O objetivo da aula era tentar apurar[32], por indução[33], os padrões da escrita de qualidade. Um dos textos que o professor escolheu para analisar foi o poema «Efémero[34] pórfiro[35]», de,

---

[26] **Espertalhão** (pejorativo): pessoa que tem inteligência só para se beneficiar a si própria ou para enganar os outros.

[27] **Matreiro:** aquele que faz ou diz alguma coisa secretamente, em geral de uma maneira desonesta.

[28] **Esperto:** a palavra pode ter dois sentidos: i) inteligente; e ii) pessoa que é inteligente, mas que usa essa inteligência para seu próprio proveito.

[29] **Figura de proa:** pessoa muito importante.

[30] **Inaugurar:** começar ou introduzir alguma coisa nova ou importante.

[31] **Mentecapto:** pessoa mentalmente limitada; estúpido.

[32] **Apurar:** descobrir alguma coisa.

[33] **Indução:** ação de induzir.
Induzir: chegar a princípios e leis através da observação de exemplos.

[34] **Efémero:** que dura pouco; de curta duração.

[35] **Pórfiro:** rocha muito dura (na verdade, «efémero pórfiro» não tem sentido nenhum).

justamente, Florêncio Chaparra. O professor demonstrou por a mais b[36] que aquele poema era o resultado em estado puro de colagens[37] esquizofrénicas[38] à mistura com banalidades[39] pretensiosas[40]. João Paulo estava na aula. Sentiu-se profundamente ofendido, agredido no seu mais íntimo ser. Concebeu na sua mente que o mundo académico não o merecia, que estava podre e consumido pela mediocridade abjeta[41]. Levantou-se de rompante, saiu da sala e bateu com a porta. Quem ainda não sabia quem era Florêncio Chaparra ficou a saber.

Verdade seja dita que João Paulo tinha uma certa razão. Poetas tão medíocres quanto ele, mas frequentadores dos cafés certos, tinham já recebido prémios literários nacionais. Mas esses o professor de Teoria Literária não se atreveu a dar como exemplo de má literatura, para não causar melindres[42] e outros danos que, às vezes, fazem ricochete[43].

[36] **Demonstrar (ou provar) por a mais b:** apresentar provas para uma afirmação.

[37] **Colagem:** ato de colar; (neste contexto) juntar frases ou ideias que não estão articuladas ou não têm lógica.

[38] **Esquizofrénico:** próprio de esquizofrenia.
Esquizofrenia: doença mental.

[39] **Banalidade:** qualidade do que é banal.
Banal: comum; vulgar; não original; aborrecido.

[40] **Pretensioso:** que se comporta de uma maneira que pretende impressionar outras pessoas, mas que na verdade é um comportamento falso.

[41] **Abjeto:** que é moralmente muito mau.

[42] **Melindre:** ofensa fácil.

[43] **Fazer ricochete:** quando um objeto bate em alguma coisa e volta para trás.

[44] **Classificados (plural):** anúncio de pequeno formato apresentado em jornais ou revistas.

[45] **A contragosto:** fazer uma coisa sem nenhuma vontade.

[46] **Revisor:** pessoa que lê um texto que vai ser publicado em livro, jornal ou revista para ver se tem erros e corrigi--los.

João Paulo abandonou a Faculdade e empregou-se num jornal desportivo do Porto, na secção dos classificados[44]. Trabalhou no jornal durante sete anos, a contragosto[45], pois considerava que o seu talento e sensibilidade estavam a ser desaproveitados. Começou então a enviar o currículo para editoras e jornais, apresentando-se como revisor[46] linguístico, a exercer a profissão como trabalhador independente e com muitos anos de experiência. Ao fim de algum tempo, recebeu uma proposta de trabalho no *Correio de Notícias*, com sede em Lisboa.

João Paulo aprendeu a profissão de revisor a exercê-la. Foi progredindo na sua habilidade, com muita cautela e sensatez. Com os primeiros textos que reviu, demorou imenso tempo e mesmo assim atrevia-se a fazer poucas emendas[47]. Não queria ser apanhado a fazer correções incorretas. Jogava pelo seguro[48]. O seu verdadeiro trabalho, nessas primeiras revisões, consistia em anotar em caderninhos catalogados[49] todas as dúvidas e conclusões a que chegava mediante consulta constante do dicionário, da gramática e do prontuário[50]. No espaço de um ano, foram só estes três livros que ele comprou e mesmo assim só após saber que ia mesmo ser admitido como revisor. De qualquer maneira, com este método de autoinstrução, conseguiu fazer o seu próprio livro de estilo[51], que todos os dias à noite revia e memorizava.

> [47] **Emendas:** correções.
> [48] **Jogar pelo seguro:** não se pôr em perigo; não arriscar; evitar correr riscos.
> [49] **Catalogado:** de catalogar.
> **Catalogar:** pôr em catálogo; classificar e organizar vários elementos por grupos.
> [50] **Prontuário ortográfico:** livro que indica qual a forma de escrever e usar corretamente palavras e expressões.
> [51] **Livro de estilo:** livro que contém um conjunto de regras para uniformizar a escrita e promover o bom uso da língua.
> [52] **Vernáculo:** próprio de uma linguagem rigorosa, sem incorreções nem estrangeirismos (palavras de outras línguas).
> [53] **Cabal:** completo e claro.
> [54] **Irrefutável:** que não se pode refutar.
> **Refutar:** mostrar que alguma coisa é falsa.
> [55] **Abusivo:** que foi feito com abuso; injusto e excessivo.

Esta foi a primeira estratégia de João Paulo para se afirmar no seu emprego: memorizar regras de acentuação, pontuação, registo de símbolos, regras sintáticas, regras estilísticas, vocabulário vernáculo[52]. Foi uma estratégia nobre, ao contrário de todas as outras que viria a adotar.

Em pouco tempo, João Paulo deixou de mostrar qualquer hesitação na sentença linguística que ditava. E que nenhum jornalista viesse duvidar do seu saber! Dava logo a resposta pronta, cabal[53], irrefutável[54], caso alguém contestasse a sua decisão de alterar o texto – o que, no início, acontecia frequentemente. Mal algum jornalista da equipa vinha dizer o que quer que fosse sobre alterações que considerava abusivas[55] ao seu próprio texto, João

Paulo saltava-lhe logo em cima[56] com a citação das páginas da gramática que autorizavam todas as suas emendas.

Era desta forma que o senhor revisor ia sentenciando práticas sobre os mais complexos pormenores dessa arte superior que é a redação imaculada[57]. O único intuito que tinha era o de afirmar o seu poder no jornal.

No princípio, João Paulo contentou-se com as admoestações[58] que dava ao infrator[59], particularmente, mas depois sentiu necessidade de público, de aplausos, de ovações[60]. Propôs então ao diretor do jornal dar cursos de escrita correta à equipa redatorial, sublinhando que era o puro altruísmo que o movia e que por isso não levaria um tostão[61] ao jornal por esse trabalho de formação. O público – a equipa de jornalistas do *Correio de Notícias* – seria vergastado[62] e agradeceria por isso. Ao diretor agradava a ideia de ter a sua equipa dominada. Se algum jornalista, eventualmente, arrebitasse cachimbo[63], ele, enquanto diretor, poderia sempre defender-se recorrendo à acusação de o outro nem sequer conseguir cumprir com a simples e banal função de escrever sem erros. Não quer dizer que pensasse em usar necessariamente essa cartada[64]. Mas era, sem dúvida, um bom trunfo para qualquer diretor, e para ele especialmente, que não era dos mais competentes. E, afinal, todos cometiam erros de português. Era impossível não os cometer, porque qualquer falha – qualquer vírgula a mais ou a menos, qualquer pontinho, qualquer sigla mal grafada, qualquer palavra menos bem escolhida – era um erro. Um erro vergonhoso, «que só prova o estado atual de incultura instalada na sociedade, em geral, e a má qualidade das universidades, em particular», como João Paulo não se cansava de dizer.

---

[56] **Saltar em cima (de alguém):** atacar.

[57] **Imaculado:** sem mácula.
Mácula: mancha de sujidade; nódoa.

[58] **Admoestação:** ação de admoestar.
Admoestar: dizer a uma pessoa que ela se comportou mal.

[59] **Infrator:** aquele que infringe.
Infringir: desrespeitar ou violar a lei, regra ou acordo.

[60] **Ovação:** se o público faz uma ovação depois de um espetáculo, ele bate muitas palmas para exprimir a sua admiração e alegria.

[61] **Não levar/cobrar um tostão:** não exigir pagamento.

[62] **Vergastado:** particípio passado de «vergastar».
Vergastar: bater em alguém com uma verga (ou pau ou chicote) como castigo.

[63] **Arrebitar cachimbo:** ser rebelde; ação de se opor à autoridade.

[64] **Usar uma cartada:** recorrer a uma estratégia.

As sessões de formação iniciaram-se. Eram à segunda-feira de manhã, logo às 9h, todas as semanas. João Paulo passava os fins de semana a catalogar os erros que ia apanhando e corrigindo ao longo da semana e a preparar a melhor formulação para os seus comentários mordazes[65]. Os jornalistas passavam os fins de semana angustiados. É que João Paulo fazia questão de identificar o autor do erro. Guiava-se pela sua experiência de que só o sentimento de vergonha gerava no indivíduo o desejo real de não voltar a errar. Era isto que João Paulo abertamente defendia, quando o diretor o chamava ao gabinete para o aconselhar a moderar-se nas suas acusações pessoais e sarcasmos[66]. João Paulo não queria saber. Estava em curva ascendente na sua carreira. Os obstáculos que aparecessem – queixas de jornalistas, boicote[67] à formação, etc. – seriam facilmente descartados[68]. João Paulo tinha a estrutura de ataque montada. Essa estrutura era inelutável[69], porque estava fundada na razão da língua e a língua é a manifestação cultural primordial do povo, «deste povo português, com mil anos de história!». João Paulo era, pois, o guardião[70] da língua! Esta responsabilidade deixava-o extremamente orgulhoso, mas neurótico também. Sobretudo nos dias em que a hostilidade[71] dos jornalistas na sede do jornal era mais evidente: o olhar agressivo, o «bom dia» seco, o silêncio quando ele chegava. Nesses dias, considerava-se uma vítima. Ele era o que se sacrificava pela língua. Ele era aquele que ganhava todo o tipo de inimizade apenas porque o seu objetivo era a preservação da língua portuguesa. Mas era nesta vitimização que ia buscar mais forças para ir mais além.

O passo último na sua carreira havia de ser, nada mais, nada menos, o de se tornar, ele próprio, jornalista. Ia ser o jornalista ideal, não só porque,

---

[65] **Mordaz:** um comentário ou crítica mordaz é cruel e indelicado.
[66] **Sarcasmo:** ação de fazer comentários irónicos e violentos dirigidos a uma pessoa, de modo que esta se sinta estúpida.
[67] **Boicote:** não fazer alguma coisa como forma de protesto.
[68] **Descartado:** particípio passado de «descartar».
Descartar: ver-se livre de uma coisa; pôr de lado uma coisa; excluir; rejeitar.
[69] **Inelutável:** contra o qual não se pode lutar.
[70] **Guardião:** pessoa que protege alguma coisa.
[71] **Hostilidade:** qualidade do que é hostil.
Hostil: que é muito antipático ou ameaçador.

por esta altura, já dominava bastante bem todas técnicas e regras de escrita, mas também porque, como não sabia falar mais nenhuma língua que não fosse o português, não se deixaria dominar por anglicismos[72], nem galicismos[73] nem outras contaminações linguísticas. Com esta ideia na cabeça, foi pedir ao diretor que lhe desse um espaço no jornal para também ele poder relatar factos de interesse para o leitor. O diretor ficou um pouco espantado com o pedido, mas não hesitou em recusar, justificando – nesta fase, o diretor já se sentia na obrigação de se justificar perante o seu revisor – que para escrever num jornal, em regime profissional, era preciso ter um curso de Jornalismo ou outro curso superior. João Paulo enfureceu-se muito e apontou vários casos de jornalistas do *Correio de Notícias* – os de mais idade – que não tinham curso nenhum e que exerciam a profissão sem ninguém os incomodar. O diretor lá foi dizendo, um pouco a medo já, que na altura em que eles começaram a praticar jornalismo não havia cursos específicos para formar jornalistas, mas que eles tinham carteira[74] de jornalista, coisa que João Paulo não tinha.

João Paulo não insistiu. Por uns tempos. Depois, voltou a tentar. Lembrou-se que, em vez de jornalista, podia ser colaborador, como os colaboradores que o jornal convidava para escrever textos de opinião, sobre isto e aquilo. João Paulo iria inaugurar uma coluna[75] em que escreveria crónicas sobre os atentados à língua portuguesa cometidos na imprensa. Deste modo, João Paulo não tinha só como público os maltrapilhos[76] dos jornalistas do jornal onde trabalhava, mas o país inteiro! À segunda tentativa, o diretor já não teve coragem de recusar o pedido e deixou-o escrever no jornal, sob condição de nunca dar como exemplo erros dados pelos jornalistas da casa[77].

---

[72] **Anglicismo:** palavra com origem no inglês.

[73] **Galicismo:** palavra com origem no francês.

[74] **Carteira:** (neste contexto) documento com informação reconhecida oficialmente.

[75] **Coluna (de jornal):** espaço fixo numa publicação que é ocupado por textos do mesmo autor.

[76] **Maltrapilho:** pessoa que se veste com roupa muito pobre; pessoa de baixo estatuto.

[77] **Casa:** (neste contexto) empresa.

Nestas crónicas, João Paulo desfiava um sem-número de exemplos que apanhava nos jornais e revistas da concorrência. Numas crónicas, o censório[78] revisor exigia que se erradicassem[79] todos os anglicismos – «bolapé» deveria substituir «futebol» («pois se até Fernando Pessoa defendia isso mesmo!»), «grupo de pressão» tomava a vez de *lobby*, «regularizador de impulsos cardíacos» era a expressão portuguesa correta para *pacemaker* e, claro, o nacional «toucinho» era mil vezes melhor do que o *bacon*. Noutras crónicas, era capaz de surpreender o incauto[80] escritor naquilo que classificava de redundâncias[81], como, por exemplo, «há anos atrás», «igualdade para todos» e «completamente gratuito». Não lhe passava pela cabeça que estas expressões estavam assim mesmo convencionadas na comunidade linguística. Não percebia que nunca seria ele, nem ninguém individualmente, que poderia determinar o que milhões de falantes dizem. Desconhecia que as línguas não são feitas de símbolos colados às coisas ou previamente estipulados por uma lógica determinada. Ignorava que todas as línguas do mundo são feitas de polivalências[82], ambiguidades[83], redundâncias, vaguezas[84] e contradições.

A carreira de João Paulo estava agora no topo, mas um infortúnio[85] deitou-a por terra[86]. Numa destas crónicas decidiu esquartejar[87] a autora de uma notícia, que veio publicada no *Jornal do Norte*, sobre um acidente automóvel em cadeia. Tinha havido uma concentração de carros Citroën 2CV, em Guimarães, e a caravana[88], que se deslocava para Braga, entrou numa rotunda

---

[78] **Censório:** que faz censura.
Censura: processo de retirar partes de livros ou jornais por razões políticas, religiosas ou morais.

[79] **Erradicar:** ver-se completamente livre de uma coisa.

[80] **Incauto:** que não tem cautela.

[81] **Redundância:** repetição de ideias.

[82] **Polivalência:** qualidade daquele que é polivalente.
Polivalente: que tem várias funções ou utilidades diferentes.

[83] **Ambiguidade:** qualidade daquilo que não é claro, porque tem mais do que um sentido.

[84] **Vagueza:** qualidade do que é vago.
Vago: indeterminado; indefinido; não fixo.

[85] **Infortúnio:** má sorte; azar.

[86] **Deitar uma coisa por terra:** estragar completamente; arruinar.

[87] **Esquartejar:** partir em pedaços, em quatro partes; (neste contexto) tratar com extrema violência.

[88] **Caravana:** (neste contexto) conjunto de carros que seguem em fila, uns atrás dos outros.

e o primeiro Citroën da fila[89] virou numa saída que dava para um lameiro e todos os outros Citroën foram atrás. A meio do texto da notícia, a jornalista escreveu: «Os bombeiros de Braga ocorreram ao local». A jornalista confundiu «ocorrer[90]» com «acorrer[91]». Este erro fez as delícias[92] de João Paulo e inspirou-o sobremaneira. A crónica dele dizia assim:

> «Era provável que numa notícia tão curta o leitor não tivesse de ser agredido com erros grosseiros. Mas as leis da probabilidade não foram favoráveis à senhora jornalista que desconhece que 'ocorrer' é um verbo diferente de 'acorrer'. Já agora, porque não 'incorrer' ou 'decorrer'?!

> Dirá a senhora jornalista que foi uma gralha[93], como se todos nós fôssemos tão ignorantes quanto ela e não soubéssemos que no teclado a letra 'a' está do lado oposto à letra 'o' e que, portanto, não se tratou de carregar por engano na tecla ao lado. Poderá dizer também a senhora jornalista que é assim que as línguas evoluem, através de corruptelas. Só que corruptela[94], senhora jornalista, é apenas uma palavra cara para 'erro de palmatória'.

> Quem escreve no espaço público é considerado uma autoridade. O povo assume que o que está escrito em letra redonda[95] é a verdade, é o correto. A senhora, ao escrever com este erro nefando[96], está a minar a confiança do povo em relação a todos os jornalistas, autores e escritores deste país. A sua irresponsabilidade é inqualificável!»

---

[89] **Fila (de carros):**

[90] **Ocorrer:** acontecer.

[91] **Acorrer:** ir rapidamente para um sítio.

[92] **Fazer as delícias:** se uma coisa faz as delícias de alguém, esse alguém gosta muito dessa coisa.

[93] **Gralha:** pequeno erro que pode acontecer quando estamos a escrever no teclado do computador; erro de escrita que se faz por falta de atenção.

[94] **Corruptela:** palavra que se escreve ou pronuncia de forma considerada errada face à forma erudita ou prestigiada.

[95] **Letra redonda:** letra tipografada, que não é escrita à mão.

[96] **Nefando:** que provoca horror; odioso; detestável; abominável.

133

E o texto continuava ainda, mais ou menos neste tom.

Mas o que João Paulo não sabia era que a tal jornalista era namorada do diretor do *Correio de Notícias*. A jornalista exigiu ao diretor que despedisse imediatamente o «escriturário[97] fanático», caso contrário, nunca mais a veria. Ora, o diretor morria de amores[98] por ela e não apenas despediu João Paulo, como lhe quis bater. Durante meses, com os olhos marejados de lágrimas, continuamente pedia desculpa à namorada pela maldita crónica, jurando a pé juntos[99] que quando a leu não se apercebeu de que a criticada era ela.

João Paulo passou mal durante uns tempos. Sem amigos, sem dinheiro, a viver só das suas economias, porque para ele era uma humilhação ir pedir subsídio de desemprego. Até que teve a ideia de se meter na política. Filiou-se[100] num partido e conseguiu ser, durante muito tempo, assessor de imprensa[101] do Presidente da Câmara de Lisboa. João Paulo tinha-lhe uma fidelidade canina[102] e defendia-o em todos os comunicados com unhas e dentes[103]. Era conhecido pelos outros empregados camarários pela alcunha de «A voz do dono[104]».

---

[97] **Escriturário:** pessoa encarregada de fazer o registo das despesas num escritório; funcionário de secretaria; (neste contexto, sentido pejorativo) alguém com funções inferiores.

[98] **Morrer de amores:** estar muito apaixonado.

[99] **Jurar a pé juntos:** afirmar de modo absoluto que o que se está a dizer é a pura verdade.

[100] **Filiar-se:** inscrever-se.

[101] **Assessor de imprensa:** aquele que fala com a comunicação social, representando uma empresa ou instituição.

[102] **Fidelidade canina:** fidelidade própria de um cão.

[103] **Com unhas e dentes:** com toda a energia; com toda a força.

[104] **A voz do dono:** tradução portuguesa da marca «His Master Voice», da empresa The Gramophone Co. Ltd. e depois da EMI.

Exercícios

Compreensão

1. **Escolha a opção correta, de acordo com o sentido do texto.**

    1. João Paulo foi estudar para o seminário
        a) porque precisava de se mudar para a cidade.
        b) por razões económicas.
        c) porque era muito religioso.
        d) por lhe estar destinado algo de superior.

    2. João Paulo encarava as correções do padre António com
        a) indiferença.
        b) bom ânimo.
        c) ressentimento.
        d) humildade.

    3. As noções de Tempo, Grandeza e Caridade são referidas no texto como exemplos de
        a) abstrações que João Paulo não compreendia.
        b) palavras que ele decorava.
        c) valores morais que nunca teve.
        d) ideias filosóficas que ele confundia entre si.

    4. «... sofria por os outros não estarem ao nível dele». Esta frase mostra que João Paulo era
        a) egoísta.
        b) falhado.
        c) incompetente.
        d) invejoso.

5. João Paulo abandonou a Faculdade ao fim de seis meses porque
   a) não gostava do professor de Teoria Literária.
   b) passou a desprezar a Universidade depois de uma aula de Teoria Literária.
   c) havia outros poetas que ganhavam prémios literários e ele não.
   d) gastava o tempo todo a escrever artigos e a dar entrevistas.

6. O currículo que João Pedro enviou para editoras e jornais
   a) continha informação falsa.
   b) era muito autoelogioso.
   c) sintetizava o seu percurso profissional e académico.
   d) demorou sete anos até ser aceite.

7. No seu trabalho como revisor, João Paulo revela ter
   a) altruísmo.
   b) poder de sacrifício.
   c) boa memória.
   d) força de vontade.

8. O diretor recusou o pedido de João Paulo para este se tornar jornalista, porque
   a) João Paulo lhe fazia falta como revisor.
   b) João Paulo não tinha habilitações.
   c) não queria ter problemas.
   d) preferia que João Paulo fosse colaborador.

9. Na crónica sobre a confusão entre «ocorrer» e «acorrer», João Paulo
   a) exemplifica a má qualidade do jornalismo em Portugal.
   b) procura esclarecer o leitor sobre a necessidade do rigor linguístico.
   c) usa o termo «senhora» no sentido negativo da palavra.
   d) é extremamente violento e mordaz.

10. João Paulo acabou sempre desprezado por todos,
   a) e justamente.
   b) porque tinha alcunhas.
   c) o que é de espantar.
   d) porque se queixava muito.

Vocabulário

2. Leia o diálogo abaixo. Substitua cada palavra ou expressão a negrito por uma das palavras do quadro. Terá de conjugar os verbos nas formas corretas. Alguns nomes também necessitam de ser postos no plural.

NOTA: Há duas palavras a mais. Não vai precisar delas.

mentecapto	enfadar	hostilidade	descartar
banalidade	matreiro	boicote	trocista
inaugurar	vocação	pretensioso	irrefutável
patranhas	mordaz		

Luísa: – Então a menina foi passar o fim de semana fora…

Teresa: – Como é que sabes?!

Luísa: – O teu filho pôs as vossas fotografias no Facebook. Não fiques tão espantada!

Teresa: – Eu já disse ao meu filho para não publicar informação pessoal nas redes sociais, mas ele não resiste!

Luísa: – Que mal é que tem? Só veem as fotografias os teus amigos ou amigos do teu filho.

Teresa: – Não é bem assim… E se vem um pirata informático e rouba os dados? Aliás, já houve qualquer coisa assim há pouco tempo.

Luísa: – Se houver um ataque informático, os piratas só levam *fake news*. Parece que é só isso que está a circular por aí agora.

Teresa: – Sim, há pessoas que passam a vida a partilhar (1) **mentiras/**_____. É incrível como as pessoas partilham pseudonotícias, coisas que se vê logo que são invenções. Isso é mesmo coisa de (2) **gente**

retardada/_____. Basta ir pesquisar alguma informação na Internet para verificarmos se a notícia é falsa ou não.

Luísa: – É verdade. Mas a mim o que me incomoda mais é ver como é que nas redes sociais as pessoas se tornam tão violentas. Qualquer comentário, sobre qualquer coisa banal, é feito quase sempre com muita (3) **violência/**_____. Não achas?

Teresa: – É isso, é. Até pessoas que eu conheço pessoalmente e que são pessoas simpáticas, quando vão para o Facebook tornam-se (4) **sarcásticas/**_____ e até ofensivas.

Luísa: – Mas o que ainda mais me irrita são as pessoas que publicam aqueles *memes* todos fofinhos, com coraçõezinhos e frases feitas, tipo «O amor pode tudo».

Teresa: – Bah! As pessoas hoje em dia só dizem (5) **coisas repetidas, sem importância/**_____. Eu agora já quase não vou nem ao Twitter nem ao Facebook. Não vejo nada de interessante e acabo por me (6) **chatear/**_____.

Luísa: – Não me digas que és daqueles que querem fazer (7) **oposição/**_____ às redes sociais?

Teresa: – Não, não é isso. Eu não sou completamente contra as redes sociais. Acho que têm coisas boas, que ajudam as pessoas. Por exemplo, a minha irmã, que tu conheces, no outro dia (8) **abriu/**_____ um ateliê de pintura. Ela é pintora e como não tem dinheiro para o marketing, publicitou o evento no Facebook, Twitter e Instagram. E também acho muito útil o YouTube. O YouTube também é considerado uma rede social, não é?

Luísa: – Acho que sim.

Teresa: – Pois eu às vezes, à noite, desligo a televisão e vou ver conferências e debates no YouTube. Apanham-se coisas muito interessantes. Para mim, é melhor do que a televisão, porque no YouTube és tu que escolhes aquilo que queres ver e (9) **deixas de lado/**_____ aquilo que não te interessa. Depois, no YouTube, qualquer pessoa pode publicar um vídeo. E encontram-se pessoas comuns com uma verdadeira (10) **habilidade/** /_____ para comunicar sobre os mais variados temas. Se não fosse o YouTube, eles nunca seriam ouvidos. Na televisão, só vejo comentadores (11) **com a mania de que são bons/**_____.

Luísa: – Acho que os *media* tradicionais têm de se modificar para responder às novas expectativas das audiências. Se não for assim, vão ficar para trás. E não basta dizerem-nos que as redes sociais tornam as pessoas mais ignorantes e insensatas. Os textos que transmitem esta ideia são textos que circulam nas redes sociais…

Teresa: – Precisamente!

Luísa: – O que é a prova (12) **indiscutível/**_____ de que as redes sociais estão aí para ficar.

Gramática

3. **Reescreva as frases recorrendo às palavras dadas.**

   a) João Paulo não notava que gozavam com ele, pois tinha muita autoestima.

   como

   _____
   _____

   b) Os pais de João Paulo arranjaram uma solução para ele poder estudar. Essa solução foi o seminário.

   que

   _____
   _____

   c) João Paulo tinha sempre notas de 10 ou 11 valores.

   nunca

   _____
   _____

   d) O professor de Teoria Literária analisou vários textos.

   análise

   _____
   _____

e) Naquela época, os alunos recebiam uma boa formação na área das Humanidades.

dada

_____
_____

f) A intenção de João Paulo ao decorar todas as regras de gramática era poder depois atacar os jornalistas.

para

_____
_____

g) João Paulo odiava redundâncias e estrangeirismos em igual medida.

não só   **mas também**

_____
_____

h) No fim, João Paulo foi obrigado a sair do *Correio de Notícias*.

teve

_____
_____

Soluções

Os primos Barros

1. 1. a); 2. b); 3. d); 4. a); 5. d); 6. a); 7. b); 8. c); 9. b); 10. b)
2. a) praguejar; b) ralho; c) esboroar-se; d) lema; e) relambório; f) pasmado; g) matutar
3. a) algazarra; b) afazeres; c) comodidades; d) inventariar; e) exaltado
4. a) meia; b) esfrega; c) conta; d) não; e) dar-se
5. a) ficou; b) ficou; c) ficou; d) estavam/andavam; e) estava; f) era; g) eram; h) estavam; i) ficaram
6. a) Gracinda e Joaquim abrem sempre a porta a toda a gente.

    b) Augusto está sempre a implicar com a mulher.

    c) Na casa de Gracinda e Joaquim há sempre gente.

    d) Os Barros sempre podiam convidar Joaquim e Gracinda para os irem visitar a Lisboa, mas nem isso fizeram.

    e) A história não conta, mas o porco doente sempre pegou a doença ao resto da pocilga.

A cura do soba

1. 1. Frase b)

    A opção a) é inválida: Almiro também não sabe o que vai fazer da sua vida ao regressar à aldeia. O facto de a história ser ou não fechada nada tem a ver com o facto de ela ser circular, muito menos com o facto de haver um reinício. Circular implica a ideia de retomar o ponto em que se estava na linha narrativa.

    A opção c) é inválida: (idem) uma ação fechada não tem de ser necessariamente uma ação circular. Pode sê-lo ou não. As relações de causa e efeito são relações lógicas entre as ações ou situações que vão fazendo a história.

    2. Frase a)

    A opção b) é inválida: Almiro questiona-se apenas sobre o esforço de adaptação que terá de fazer se quiser ficar na sua aldeia, mas não se compromete a fazer nenhum esforço específico nesse sentido.

    A opção c) é inválida: Almiro, ainda que inconscientemente, quer regressar a África.

    3. Frase c)

    A opção a) é inválida: o texto claramente refere que as populações colaboravam com as duas partes inimigas.

A opção b) é inválida: os aldeãos trabalhavam para os portugueses de livre vontade e eram pagos. Nada no texto sugere o contrário.

4. Frase c)

A opção a) é inválida: o peixe («pescar no rio») não é carne. A carne da ração de combate era carne enlatada; não era, portanto, carne fresca.

A opção b) é inválida: o Programa de Ação Psicológica tinha objetivos muito maiores do que o objetivo de arranjar carne fresca para comer.

5. Frase b)

A opção a) é inválida: o soba era inexpressivo, mas daí não podemos concluir que era «frio» e «distante».

A opção c) é inválida: o soba reconhecia que no aquartelamento não tinha autoridade, apesar de poder decidir onde queria ficar a recuperar da doença.

6. Frase b)

A opção a) é inválida: o exército já é uma organização hierárquica. Não há qualquer informação no texto que permita concluir que as alcunhas eram ofensivas.

A opção c) é inválida: em nenhuma circunstância as alcunhas servem para facilitar a memorização.

7. Frase a).

A opção b) é inválida: mais uma vez, Almiro só se questiona sobre a possível dificuldade que terá em adaptar-se ao seu modo de vida antigo; não há nenhuma recusa ou fuga.

A opção c) é inválida: na altura em que Almiro vai no comboio, ele ainda nem sabe qual a reação das outras mães; por isso é que o verbo da frase onde essa projeção é expressa está no futuro.

2. 1. b); 2. c); 3. b); 4. b); 5. c); 6. a)
3. 1. ilesa; 2. inquietação; 3. negligência; 4. atrozmente; 5. desidratação; 6. freneticamente
4. a) Em; b) Quanto; c) Quem; d) O que; e) Porque; f) Quando; g) Para; h) Porque; i) Como; j) Com

Das palavras aos atos – e dos atos às palavras

1.

Descrição da casa do Porto. 1
Tentativa frustrada de ir estudar para a Universidade. 2
Proximidade com o ambiente religioso. 3
Descrição das condições naturais da terra onde cresceu. 4

Início da sua atividade de cronista. 5
Descrição da feira de Vilar de Perdizes. 6
Obtenção de emprego no Porto. 7
Desaparecimento de Agostinho. 8
Convite para jantar dirigido à mulher-polícia. 9

2. Guilherme: d), f), j), l). Agostinho: c), e), h), i)

3.

Horizontais: ABDICAR; AZAFAMA; COSCUVILHEIRO; EMBARAÇADO; CILADA; LÚGUBRE

Verticais: ESTOO; VOVALIDPE; DSCONCERTANTE; CAPRICHO; AMA; ENGATATÃO; FRDO; ENCE; CILADA; IDRIA

4. 1. tens macaquinhos no sótão; 2. a metro; 3. torcer o nariz; 4. fazer uma cena/fazer cenas; 5. pensar na morte da bezerra; 6. preso por ter cão e preso por não ter; 7. lançar mão

5. 1. à fina força; 2. olhar de soslaio; 3. fazer noitadas; 4. de cacaracá; 5. faz-se passar por; 6. entrar nos eixos

6. a) é/foi morto; b) são despedidas; c) foi transformado; d) eram escritas; e) era alugado; f) foi ameaçado; g) foi paga; h) foi enviado

Ironia vence preguiça

1. 1. d); 2. j); 3. h); 4. a); 5. f); 6. i); 7. b); 8. c); 9. g); 10. e)

2. a) Mandrião; b) Contemplativo; c) Preguiçoso; d) Traste; e) Mono; f) Imprestável

3. a) natação; b) torpedo; c) elitista; d) inexato; e) simultâneo; f) aninhado; g) abadia; h) confidência; i) entalado; j) deveras; k) consistente; l) folia; m) prestigioso; n) completar; o) impetuoso

4. a) A preguiça é um defeito tão perigoso, que pode até conduzir à morte.

    b) A inatividade de Tomás era tal/tanta, que quase o paralisava.

    c) A situação de Tomás era de tal maneira absurda, que até havia piadas sobre ele.

    d) Os ladrões irritavam-se tanto com Tomás, que até lhe batiam.

    e) As duas meninas viram que a passividade de Tomás era tanta, que desistiram de brincar com ele.

    f) Tomás ficou tão ofendido com a resposta irónica do velho, que decidiu sair de casa dele.

    g) A ingratidão e a arrogância de Tomás eram tais, que são difíceis de perceber.

    h) Os ladrões eram tantos, que mal cabiam em casa.

    i) Os pais de Tomás entristeciam-se tanto com o comportamento do filho, que até invejavam o mau comportamento dos outros rapazes.

    j) Era tanta/tal a desfaçatez de Tomás, que chegou a acusar o velho de egoísmo.

Domingo à tarde

1.

Informações erradas no resumo	Passagens do conto comprovativas de que as informações estão erradas
«o que mostrava como ela se sentia atraída por fazer coisas difíceis.»	«Com a inclinação do terreno, era fácil subir ao telhado do galinheiro, pelo lado de cima, (...)»
«mas, por falta de tempo, raramente dava uma ajuda aos outros alunos.»	«Ajudava sempre os colegas com mais dificuldades (...)»
«de modo que queria estar sempre a atrair as atenções sobre si.»	«Ao mesmo tempo, era humilde e não queria dar nas vistas.»
«Sílvia nunca reconheceu que o que ela queria era impressionar Firmino e não percebe o porquê de ter mentido.»	«Mas não! Quis armar-se em boa! E autocensurava-se.»

Outras publicações

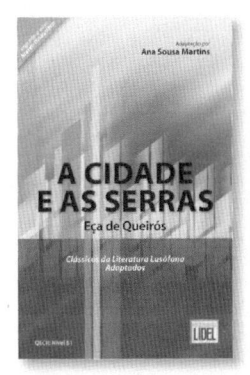

A Cidade e as Serras • Ana Sousa Martins

Esta adaptação de *A Cidade e as Serras*, destinada a aprendentes de PLE, constitui-se como material de ensino da língua portuguesa e, simultaneamente, tem como objetivo preparar o aprendente para a leitura do texto original. Esta versão contempla a redução doseada de vocabulário e de estruturas sintáticas complexas, mas mantém-se fiel à intenção comunicativa da obra original.

Nesta edição de *A Cidade e as Serras*, as palavras desconhecidas são sublinhadas e glosadas nas margens das páginas, com esclarecimentos sobre o significado de palavras ou expressões, com imagens ou com pequenas notas de enquadramento histórico-cultural para uma melhor compreensão do conteúdo por parte do leitor.

No final do livro, há exercícios, com as respetivas soluções.

This book is an adapted version of the novel *A Cidade e as Serras* by Eça de Queirós. Its main purpose is to stimulate and prepare the learners to read the original version after reaching higher proficiency levels. The gist of the original version is fully preserved.

Peregrinação • Ana Sousa Martins

No século XVI Fernão Mendes Pinto percorreu o Oriente durante 21 anos, por terras que nenhum ocidental tinha visto até então. O relato minucioso que ele faz dessa sua grande aventura é fantástico, excessivo e empolgante. *Peregrinação* é uma obra singular: mistura de diário de bordo com registo cartográfico e etnográfico, tem como constante a narração contínua, a um ritmo alucinante, das batalhas, tempestades, assaltos e demais infortúnios por que passou "o pobre de mim". Este livro é uma versão adaptada da obra *Peregrinação* e destina-se a alunos aprendentes do português nível B2.

Nesta edição, as palavras desconhecidas são sublinhadas e glosadas na margem de cada página. Estas glosas são uma breve explicação do significado da palavra ou, então, dão informação histórica e cultural necessária à compreensão de uma passagem. Muitas vezes, também, recorre-se a uma imagem, para ser mais rápida a apreensão da noção em referência e, assim, minimizar a suspensão do fluxo de leitura.

No final do livro há exercícios, com soluções.

This book is an adapted version of the novel *Peregrinação*, by Fernão Mendes Pinto. Its main purpose is to stimulate and prepare the learners to read the original version after reaching higher proficiency levels. The gist of the original version is fully preserved.

Detalhes sobre os livros em www.lidel.pt

Outras publicações

Amor de Perdição • Ana Sousa Martins

Esta adaptação de *Amor de Perdição*, destinada a aprendentes de PLE, constitui-se como material de ensino da língua portuguesa e, simultaneamente, tem como objetivo fazer com que o aprendente, que ainda não domina suficientemente a língua para poder ler a obra original, consiga compreender a globalidade do texto, sem grande esforço. Deste modo, ele tem a possibilidade de aprender as estruturas gramaticais mais frequentes do português e de aprender também vocabulário novo.

Esta versão contempla a redução doseada de vocabulário e de estruturas sintáticas complexas, mas mantém-se fiel à intenção comunicativa da obra original.

Nesta edição de *Amor de Perdição*, as palavras desconhecidas são sublinhadas e glosadas nas margens das páginas, com esclarecimentos sobre o significado de palavras ou expressões, com imagens ou com pequenas notas de enquadramento histórico-cultural para uma melhor compreensão do conteúdo por parte do leitor. No final do livro, há exercícios, com as respetivas soluções.

This book is an adapted version of the novel *Amor de Perdição* by Camilo Castelo Branco. Its main purpose is to stimulate and prepare the learners to read the original version after reaching higher proficiency levels. The gist of the original version is fully preserved.

Contos com Nível (A2) • Ana Sousa Martins

Contos com Nível é uma coleção de cinco livros de histórias originais, escritas em função de diferentes graus de dificuldade/níveis de proficiência (do A2 ao C2), às quais se segue uma série de exercícios com soluções no final.

Contos com Nível junta o prazer da leitura à aprendizagem intencional do vocabulário e gramática. Além disso, cada volume está organizado de modo a que tanto possa ser usado em sala de aula, como ser lido autonomamente, enquanto obra de leitura extensiva. Cada conto dá uma panorâmica do modo de viver e de pensar dos portugueses, com muitas situações caricatas pelo meio.

Este volume destina-se a alunos de português língua estrangeira com cerca de um ano de aprendizagem (nível A2).

Contos com Nível is a set of five books of original stories, written at different proficiency levels//degrees of difficulty (from A2 to C2), followed by a series of exercises with keys at the end.

Contos com Nível combines the pleasure of reading with the purposeful learning of vocabulary and grammar. In addition, each volume is organised in such a way that it can be both used in the classroom and read indeoendently as extensive reading. Each story provides an overview of the way of life and thinking of the Portuguese, interspersed with many humorous situations.

Detalhes sobre os livros em www.lidel.pt

Outras publicações

Contos com Nível (B2) • Ana Sousa Martins

Contos com Nível é uma coleção de cinco livros de histórias originais, escritas em função de diferentes graus de dificuldade/níveis de proficiência (do A2 ao C2), às quais se segue uma série de exercícios com soluções no final.

Contos com Nível junta o prazer da leitura à aprendizagem intencional do vocabulário e gramática. Além disso, cada volume está organizado de modo a que tanto possa ser usado em sala de aula, como ser lido autonomamente, enquanto obra de leitura extensiva. Cada conto dá uma panorâmica do modo de viver e de pensar dos portugueses, com muitas situações caricatas pelo meio.

Este volume destina-se a alunos de português língua estrangeira com cerca de três anos de aprendizagem (nível B2).

Contos com Nível is a set of five books of original stories, written at different proficiency levels/ /degrees of difficulty (from A2 to C2), followed by a series of exercises with keys at the end.

Contos com Nível combines the pleasure of reading with the purposeful learning of vocabulary and grammar. In addition, each volume is organised in such a way that it can be both used in the classroom and read indeoendently as extensive reading. Each story provides an overview of the way of life and thinking of the Portuguese, interspersed with many humorous situations.

Quem Conta um Conto Acrescenta um Ponto •
Ana Viegas

Quem Conta um Conto Acrescenta um Ponto é o primeiro de três complementos lúdico-didáticos inovadores e únicos na área que, a partir de textos da literatura oral portuguesa fixados em escrita, promovem atividades de leitura recreativa e de escrita criativa, destinando-se a um público jovem e adulto.

Quem Conta um Conto Acrescenta um Ponto encontra-se organizado em três partes: a Parte I explora os conceitos de literatura oral, conto popular português, leitura recreativa e escrita criativa, apresenta os escritores das principais coleções destes textos e dirige mensagens aos leitores e escritores, assim como ao professor; a Parte II compreende 20 oficinas de leitura recreativa e de escrita criativa com base em 20 contos populares portugueses, repartidas pelos níveis B1 e B2 do QECR e do QuaREPE, com grau de dificuldade crescente, abrangendo, geralmente, atividades de pré-leitura, leitura, pós-leitura, planificação, textualização e revisão; a Parte III contém um dicionário de criação pessoal a ser preenchido com a definição em contexto da palavra adquirida, um sinónimo e um antónimo.

Quem Conta um Conto Acrescenta um Ponto is the first of three recreational-didactic, innovating and unique complements in this field which, by using texts taken from the Portuguese Oral

Detalhes sobre os livros em www.lidel.pt

Outras publicações

Literature and put into writing, develop recreational reading and creative writing activities and it is aimed at young and adult learners.

Quem Conta um Conto Acrescenta um Ponto is organised in three parts: Part I explores the concepts of oral literature, Portuguese folk tales, recreational reading and creative writing, it presents the writers of the main collections of these texts and it addresses some messages to the readers and writers, as well as to the teacher; Part II entails 20 recreational reading and creative writing workshops based on 20 Portuguese folk tales. These are allocated between levels B1 and B2 of the CEFR and the QuaREPE, and are arranged by level of difficulty, covering, on the whole, pre reading, reading and post reading activities, planning, comprehension and revision; Part III contains a dictionary, to be developed and filled out by the learner himself with contextualized definitions for the required word, together with a synonym and an antonym.

Vitória, Vitória, Acabou-se a História • Ana Viegas

Vitória, Vitória, Acabou-se a História é o segundo de três complementos lúdico-didáticos inovadores e únicos na área que, a partir de textos da literatura oral portuguesa fixados em escrita, promovem atividades de leitura recreativa e de escrita criativa, destinando-se a um público jovem e adulto.

Vitória, Vitória, Acabou-se a História encontra-se organizado em três partes: a Parte I explora os conceitos de literatura oral, conto popular português, leitura recreativa e escrita criativa, apresenta os escritores das principais coleções destes textos e dirige mensagens aos leitores e escritores, assim como ao professor; a Parte II compreende 20 oficinas de leitura recreativa e de escrita criativa com base em 20 contos populares portugueses, repartidas pelos níveis C1 e C2 do QECR e do QuaREPE, com grau de dificuldade crescente, abrangendo, geralmente, atividades de pré-leitura, leitura, pós-leitura, planificação, textualização e revisão; a Parte III contém um dicionário de criação pessoal a ser preenchido com a definição em contexto da palavra adquirida, um sinónimo e um antónimo.

Vitória, Vitória, Acabou-se a História is the second of three recreational-didactic, innovating and unique complements in this field which, by using texts taken from the Portuguese Oral Literature and put into writing, develop recreational reading and creative writing activities and it is aimed at young and adult learners.

Vitória, Vitória, Acabou-se a História is organised in three parts: Part I explores the concepts of oral literature, Portuguese folk tales, recreational reading and creative writing, it presents the writers of the main collections of these texts and it addresses some messages to the readers and writers, as well as to the teacher; Part II entails 20 recreational reading and creative writing workshops based on 20 Portuguese folk tales. These are allocated between levels C1 and C2 of the CEFR and the QuaREPE, and are arranged by level of difficulty, covering, on the whole, pre reading, reading and post reading activities, planning, comprehension and revision; Part III contains a dictionary, to be developed and filled out by the learner himself with contextualized definitions for the required word, together with a synonym and an antonym.

Detalhes sobre os livros em www.lidel.pt